“十二五”职业教育国家规划教材

经全国职业教育教材审定委员会审定

财政部规划中等职业学校财经商贸类教材

消费心理

林莉　汪飞燕　主编

中国财政经济出版社

图书在版编目（CIP）数据

消费心理／林莉，汪飞燕主编．—北京：中国财政经济出版社，2015.5
“十二五”职业教育国家规划教材　财政部规划中等职业学校财经商贸类教材
ISBN 978－7－5095－5869－0

Ⅰ．①消…　Ⅱ．①林…　②汪…　Ⅲ．①消费心理学－中等专业学校－教材
Ⅳ．①F713.55

中国版本图书馆 CIP 数据核字（2014）第 279677 号

责任编辑：樊　闽　　　责任校对：王　英
封面设计：汪俊宇　　　版式设计：董生平

中国财政经济出版社 出版

URL：http：//www.cfeph.cn
E－mail：cfeph @ cfeph.cn

社址：北京市海淀区阜成路甲 28 号　邮政编码：100142
营销中心电话：88190406　北京财经书店电话：64033436　84041336
北京中兴印刷有限公司印刷　各地新华书店经销
787×1092 毫米　16 开　10.25 印张　237 000 字
2015 年 5 月第 1 版　2019 年 7 月北京第 2 次印刷
定价：24.00 元
ISBN 978－7－5095－5869－0/F·4737
（图书出现印装问题，本社负责调换）
质量投诉电话：88190744
反盗版举报热线：88190492　88190446

编写说明

本书是“十二五”职业教育国家规划教材、财政部规划教材，经全国职业教育教材审定委员会审定，作为全国中等职业学校财经商贸类专业教材使用。

为全面贯彻落实《国家中长期教育改革和发展规划纲要（2010—2020年）》和《中等职业教育改革创新行动计划（2010—2012年）》，我们参考《中等职业教育专业目录（2010年修订）》和《中等职业学校市场营销专业教学标准》，组织编写了《消费心理》一书，以满足中等职业学校财经类专业教学的新需要。

本教材主要面向商业等行业企业，培养以门店运营为主、掌握必要的文化基础知识、具备良好的行为习惯、职业素养和营销技能，从事市场推广、商品销售、客户服务等工作的高素质技术技能型人才。本教材主要包括以下几方面的内容：

1. 全书立足于商场、门店的销售员岗位，在内容上改变了以往纯理论教学的模式，根据“项目导向、任务驱动”的要求，将传统的章节修改为项目和任务，让学生在项目、任务的指引下，完成对消费心理学相关理论的学习和理解。

2. 结合时代发展的特点和需求，加入了更符合现代消费者购物特点的网络购物方面的内容，使得消费心理学的内容更具时代性、完整性。

3. 加入了项目导入案例、与项目情景相关的课后案例分析，并且配上了相关图片，使得教材内容更加符合现代职业教育和培训学习的需求，提高学生的学习兴趣，达到更加有效的教学、培训目的。

4. 通篇注意将应用心理学和消费行为学结合到一起，帮助学生和被培训人员评价和制定销售过程和策略，力求给每个学习者一个整合后的观点，而不是零星的知识点，帮助学生有效地掌握和应用消费心理学。

5. 在教材中根据此专业需要，主要教学内容是让学生了解消费者购买商品的心理过程，掌握消费者心理现象对购买行为的影响，了解不同消费习惯、参照群体、社会文化对消费行为的影响，了解消费者购买行为的类型、特点，掌握不同消费者购买过程中心理决策过程的差异，掌握品牌、价格、外观、销售策略等属性对消费决策的作用。全部课程大约共需72个学时。

课时分配表如下：

项目名称	授课任务	课时安排
项目一　认识消费心理学	任务一　认知消费心理学的相关理论	2
	任务二　认识消费心理学的现实意义	2
项目二　描述消费者购物心理过程	任务一　描述消费者对商品的认知过程	2
	任务二　描述消费者对商品的情绪过程	2
	任务三　描述消费者对商品的意志过程	2
	任务四　理清认识过程、情绪过程和意志过程相互关系的销售作用	2
项目三　掌握消费者的个性心理特征与购买行为的关系	任务一　掌握消费者气质类型与购买行为的关系	2
	任务二　掌握消费者性格与购买行为的关系	2
	任务三　掌握消费者能力、兴趣与购买行为的关系	2
项目四　分析消费者需求与购买行为	任务一　分析消费者需求与购买动机	2
	任务二　分析消费者的购买决策和购买行为	4
项目五　细分影响消费者购买行为的诸多因素	任务一　细分影响消费者购买行为的社会文化因素	4
	任务二　细分影响消费者购买行为的商品因素	4
项目六　剖析消费者市场细分的心理	任务一　调研消费者市场	2
	任务二　细分消费者市场	4
	任务三　剖析市场细分方式下的消费者心理	4
项目七　解析门店环境与服务心理	任务一　解析门店外部环境对消费者心理的影响	4
	任务二　解析门店内部环境对消费者心理的影响	4
	任务三　解析销售人员门店接待心理技巧	4
	任务四　解析消费者投诉心理与处理技巧	2
项目八　分析网络购物心理需求	任务一　分析消费者网络购物的心理	4
	任务二　分析消费者网络购物的行为	4
项目九　培养销售人员的职业心理	任务一　认知销售人员职业心理	2
	任务二　掌握销售人员职业心理的基本要素	2
	任务三　分析销售人员的职业心理表象	2
	任务四　培养销售人员的职业心理品质	2
总计		72

本书为用书学校任课教师提供了电子课件，如有需要，请登录中国财经教育网（cjjc. cfeph. cn 或 www. zgcjjy. com）下载。

本书由安徽工商职业学院的林莉教授、汪飞燕副教授负责完成。在编写过程中作者参考了大量的文献，得到了有关学校、企业领导以及教师和员工的大力支持，在此深表感谢。另外，书中难免存在偏颇、遗漏与不足之处，恳请广大读者批评指正。

编　者

2015 年 5 月

目录

1 项目一 认识消费心理学

案例导入

“康师傅”开拓中国大陆方便面市场

顶新企业的创业者是来自台湾省的魏家四兄弟。1988年，魏家兄弟开始在大陆投资设厂。由于对内地的市场环境没有深入了解，初期投资的“顶好清香油”、“康莱蛋酥卷”，以及在内蒙投资的蓖麻油项目，但都以失败告终。

爱因斯坦曾说过：“成功需要99%的努力和1%的灵感。”魏氏兄弟在创业道路中所需要的正是这1%的灵感，而不可思议的是，这1%的灵感竟然是在一次旅途中偶然诞生的。

魏应行一次出差旅行，因为不太习惯火车上的饮食，便带了两箱从台湾捎来的方便面，没想到这些在台湾非常普通的方便面引起了同车旅客极大的兴趣，大家都觉得这面好吃、方便，到后来甚至有人忍不住“偷”吃起来，两箱面很快一扫而空。

就是这次经历，魏应行发现了一个新的创业契机。如果有一种方便面，味美价廉，价格在一两元钱，一定很有市场，而且随着生活节奏的加快，人们对方便食品的需求量一定会越来越大。

品牌+口味：康师傅一炮打红

看准了方便面市场，顶新企业又重新振作起来。他们首先考虑如何为商品命名。为此，他们下了一番工夫，给商品起名叫“康师傅”。“康”代表健康，念起来也很响亮；“师傅”是大陆最普遍的尊称，也是专业、好手艺的代名词，“康师傅”叫起来既上口，又亲切，再配上笑容可掬、憨厚可爱的“胖厨师”形象，便构成了一个很具号召力的品牌。

确定了品牌名称，接下来就是开发适合大陆口味的面，经过公司调研部门上万次的口味测试和调查发现：内地人口味偏重，而且比较偏爱牛肉口味，于是公司决定以“红烧牛肉面”作为进入市场的主打商品。在工艺上，公司从日本、德国进口了最先进的生产设备，采用特选面粉，经蒸煮、淋汁、油炸制成面饼，保证了面条够劲道，久泡不糟，再加上双包调料和细肉块调配出的美味汤汁，售价仅在两元左右，使得“好吃看得见”的康师傅方便面一亮相便征服了消费者。

消费者满意：康师傅的承诺

康师傅一炮而红后，如果只考虑短期的盈利，而不为企业的长远发展注入心血，那么，它今天也许只是全国1 000多家方便面厂中普通的一个。但康师傅成功之后，并没有停步不前，而是不断地学习和改进。从卖出第一碗面开始，康师傅就下决心要做中国的“面王”。

“物超所值”是康师傅对消费者的一个不变的承诺，为了做到这一点就要不断前进。公司决定以合作经营方式引进台湾专业制造商来大陆投资设厂，从1993年开始先后建成了纸箱厂、PSP碗厂、包膜厂、塑料叉厂等配套服务厂，完成了产业的垂直整合，既保证了商品质量的稳定，降低了成本，又为康师傅的进一步发展奠定了坚实的基础。

在保证商品质量的同时，康师傅还尽心竭力地做到让消费者满意。为了将最新鲜的商品及时送到消费者手中，同时也为了避免因长途运输造成的地区差价，顶新从1994年开始相继在广州、杭州、武汉、重庆、西安、沈阳、青岛等地设立生产基地，生产线也从1条增加到88条，并根据各地的口味差异，开发生产了20余种不同口味的商品。为了使出门在外的消费者吃的方便，康师傅还首创在碗面上加放塑料叉，真正做到了随时随地提供方便。此项创举迅速成为潮流，使得所有生产方便碗面的厂家纷纷仿效，碗面配小叉成了一项不成文的标准。

通路精耕：康师傅畅销全国

进入1996年，同类商品纷纷上市。竞争日趋激烈，原有的销售渠道和周期很难将商品顺利推上市场。为此，集团提出“通路精耕”的概念，意在缩短流通周期。

过去商品要倒七八手才能到消费者手里，实行通路精耕后，减少为两三手，甚至在有的城市只有一手，即由集团直接向各大超市供货、两三手转货主要由集团销往批发市场。目前在国内200多个城市中，方便面到消费者手中只经过两次转手，集团批给大批发商，批发商再卖给零售商。

为了规范市场，顶新还将国内市场划分为1 500个区域，每个区域找一个专属经销商，通过严谨的供销合同，使经销商与顶新集团成为命运共同体，权利、义务明确，这样可以有效地避免由于批发商过多导致的恶性竞争。

方便面从1997年通路精耕以来，效果很好。由于禁止跨区销售，批发商都有钱可赚，新商品推广也比以前顺畅得多。过去新商品从上市到进入消费者家庭需一个半月，现在只需2~3周。为了确保经销商及时销货，顶新集团派出3 000多名业务代表，为经销商提供配套服务，与之共同开发客户。每个业务代表都要开发50~100个客户，这样既保证了经销商的利益，又延伸了销售网络，市场也因此健康发展。

通过“通路精耕”措施，康师傅在全国地级城市成立了超过200个自销售和配送网点，并在距全国各级批发市场100米的范围内设立了100多个“前进仓库”，加上直营商场、大型超市和由14 000家经销商所形成的销售网络，使康师傅商品畅销全国。

如今，康师傅方便面已得到广大消费者的支持和认可，康师傅品牌知名度已达到95%，康师傅方便面的市场占有率达到35%，成为中国方便面的领导品牌。

问题引出：从心理学角度来看，“康师傅”的市场销售思路有什么特点？是如何引起消费者的购买欲望的？

任务一
认知消费心理学的相关理论

学习情景

销售人员在销售过程中，会遇到不同心理需要、社会地位、购买目的、经济水平的消费者。消费者的类型繁杂多变，但作为销售人员，必须从纷繁多变的消费者表象中抓住实质，也就是需要通过对消费心理学的相关理论进行研究分析，来采取针对性的销售策略。

学习目的

了解心理学有哪些基本概念，市场销售有哪些核心概念和理论，以及消费心理学有哪些基本概念，掌握销售过程的理论支撑，从而在销售过程中能够分析与抓住消费者的本质心理。

基础知识与技能

了解消费者在购买过程中的行为表现与哪些学科理论有关。了解作为销售人员应该掌握哪些基本的岗位技能，包括学习技能、综合分析技能、观察技能等；具体包括：作为销售人员，能够在平时的工作与生活中，多学习消费心理学的相关概念与知识，并能够将这些理论知识运用到日常的销售活动中去。

从消费心理学的综合知识来看，消费心理学主要包括以下几个方面的基础理论：

1. 心理学。心理学尤其是社会心理学的基本原理，是消费心理学关于消费者在消费过程中的心理过程和个性心理理论的主要来源。心理学研究人的心理现象发生、发展的规律，它的研究成果构成了消费心理学中有关内容的基础和支柱。正是心理学的这些基本概念和理论，为我们了解消费者的需要、愿望、对商品及其信息的反应，以及消费者个性对购买行为的影响提供了科学的依据。社会心理学是研究个体或群体在特定社会条件下心理活动发生、发展与变化的规律的科学。社会心理学所研究的个体、他人、群体之间的相互影响，探索群体的共同态度和价值观念以及个人行为与社会环境之间的关系等问题，都是消费心理学的重要理论依据。有了社会心理学的知识，我们才能了解消费者的行为是如何受社会群体、家庭以及外在因素影响的。

2. 社会学。社会学是从变动着的社会的整体出发，通过人们的社会关系和社会行为来研究社会的结构、功能和发生、发展规律的一门科学。社会学关于人际关系、信息传播、社会生活方式变化及家庭结构问题的理论，是消费心理学有关消费者行为理论的重要来源。

3. 经济学。经济学把人与人之间的经济关系作为自己的研究对象，是一门研究人与社会寻求满足他们的物质需求和欲望的方法的社会科学。因此，经济学与消费心理学有着密切的关系。经济学关于商品生产与商品流通、商品的价值和价格等理论，是消费心理学中有关价格心理效用、消费关系和消费心理理论的直接来源。

4. 文化学。文化学研究人类的文化特征，包括社会、语言、技术及相似的行为。文化学中关于文化对人类行为的影响，尤其是关于不同地区、不同民族的文化传统、生活方式和风俗习惯对人类行为的影响的研究成果，是消费心理学有关广告心理和消费心理理论的重要来源。因此，从以上内容可知，消费心理学是一门综合性的应用学科，它是用心理学、社会学、经济学、文化人类学等学科的理论知识综合地研究消费者心理和行为的规律性。

一、心理学的基本概念

心理学是一门研究人的心理现象及其规律的科学。心理学起源于西方哲学，成形于现代社会，是一门古老而又年轻的科学。人类历经了漫长的岁月来探索我们为什么这样或者那样做事情，古代的哲学家和文学家就已经开始了这类问题的研究，而直到现在，心理学家才把这一类问题实现了系统化、知识化。

心理学的研究，涵盖了人的各个活动层面：内心与外显的、个体与群体的、这也构成了心理学的整体内容。如今，心理学家的活动领域相当广泛。随着社会的进步和科学的发展，新的学术领域不断被开拓，来源于人类实践，又适应人类发展需要的新学科不断产生，它们以某种事物为专门研究对象，为人类研究、认识各种事物提供理论依据。

二、市场销售的核心概念

市场销售涉及其出发点，即满足消费者需求，还涉及以何种商品来满足消费者需求，如何才能满足消费者需求，即通过交换方式，商品在何时、何处交换，谁实现商品与消费者的联接。可见，市场销售的核心概念应当包含需求及相关的欲求、需要，商品及相关的效用、价值和满足，交换及相关的交易和关系，市场、市场销售及市场销售者。

1. 需求及相关的欲求和需要

（1）需要。指消费者生理及心理的需求，如人们为了生存，需要食物、衣服、房屋等生理需求及安全、归属感、尊重和自我实现等心理需求。市场销售者不能创造这种需求，而只能适应它。

（2）欲求。指消费者深层次的需求。不同背景下的消费者欲求不同，比如中国人需求食物则欲求大米饭，法国人需求食物则欲求面包，美国人需求食物则欲求汉堡包。人的欲求受社会因素及机构因素，诸如职业、团体、家庭、文化等影响。因而，欲求会随着社会条件的变化而变化。市场销售者能够影响消费者的欲求，如建议消费者购买某种商品。

（3）需求。指有支付能力和愿意购买某种物品的欲求。可见，消费者的欲求在有购买力做后盾时就变成为需求。许多人想购买奥迪牌轿车，但只有具有支付能力的人才能购买。因此，市场销售者不仅要了解有多少消费者欲求其商品，还要了解他们是否有能力购买。

2. 商品及相关的效用和价值的满足

（1）商品。是指用来满足消费者需求和欲求的物体。商品包括有形与无形的、可触摸与不可触摸的。有形商品是为消费者提供服务的载体。无形商品或服务是通过其他载体，诸如人、地、活动、组织和观念等来提供的。当我们感到疲劳时，可以到音乐厅欣赏歌星唱歌（人），可以到公园去游玩（地），可以到室外散步（活动），可以参加俱乐部活动（组织），或者接受一种新的意识（观念）。服务也可以通过有形物体和其他载体来传递。市场销售者切记销售商品是为了满足消费者需求，如果只注意商品而忽视消费者需求，就会产生“市场销售近视症”。

（2）效用、价值和满足。消费者如何选择所需的商品，主要是根据对满足其需要的每种商品的效用进行估价而决定的。效用是消费者对满足其需要的商品的全部效能的估价。商品全部效能（或理想商品）的标准如何确定？例如某消费者到某地去的交通工具，可以是自行车、摩托车、汽车、飞机等。这些可供选择的商品构成了商品的选择组合。又假设某消费者要求满足不同的需求，即速度、安全、舒适及节约成本，这些构成了其需求组合。这样，每种商品有不同能力来满足其不同需要，如自行车省钱，但速度慢，欠安全；汽车速度快，但成本高。消费者要决定一项最能满足其需要的商品。为此，将最能满足其需求到最不能满足其需求的商品进行排列，从中选择出最接近理想商品的商品，它对消费者效用最大，如消费者到某目的地所选择理想商品的标准是安全、速度，他可能会选择汽车。

消费者选择所需的商品除效用因素外，商品价格高低亦是因素之一。如果消费者追求效用最大化，他就不会简单地只看商品表面价格的高低，而会看每1元钱能产生的最大效用，如一部好汽车价格比自行车昂贵，但由于速度快、修理费少、相对于自行车更安全，其效用可能大，从而更能满足消费者需求。

3. 交换、交易和关系

（1）交换。人们有了需求和欲求，企业亦将商品生产出来，还不能解释为市场销售，商品只有通过交换才使市场销售产生。人们通过自给自足或自我生产方式，或通过偷抢方式，或通过乞求方式获得商品都不是市场销售，只有通过等价交换，买卖双方彼此获得所需的商品，才产生市场销售。可见，交换是市场销售的核心概念。要完成一笔交换，必须满足下列五个条件：至少要有两个参与交换的伙伴；参与的一方要拥有另一方希望获得东西；参与的一方要能与另一方进行沟通，并能将另一方需要的商品或是服务传递过去；参与一方要有接受或是拒绝的自由；参与一方要有与另一方交往的欲望。

有时，上述所有的条件都具备了，交换也不一定发生。但是若没有这些条件，交换肯定不会发生。

（2）交易。交换是一个过程，而不是一种事件。如果双方正在洽谈并逐渐达成协议，称为在交换中。如果双方通过谈判并达成协议，交易便发生。交易是交换的基本组成部分。交易是指买卖双方价值的交换，它是以货币为媒介的，而交换不一定以货币为媒介，它可以是物物交换。交易涉及几个方面，即两件有价值的物品，双方同意的条件、时间、地点，还有来维护和迫使交易双方执行承诺的法律制度。

（3）关系。交易销售是关系销售大观念中的一部分。精明能干的市场销售者都会重视同消费者、分销商等建立长期、信任和互利的关系。而这些关系要靠不断承诺及为对方提供高质量商品、良好服务及公平价格来实现，靠双方加强经济、技术及社会联系来实现。关系销售可以减少交易费用和时间，最好的交易是使协商成为惯例化。

处理好企业同消费者关系的最终结果是建立起市场销售网络。市场销售网络是由企业同市场销售中介人建立起的牢固的业务关系。

4. 市场、销售、市场销售及市场销售者

（1）市场。市场由一切有特定需求或欲求并且愿意和可能从事交换来使需求和欲望得到满足的潜在消费者所组成。一般说来，市场是买卖双方进行交换的场所。但从市场销售学角度看，卖方组成行业，买方组成市场。行业和市场构成了简单的市场销售系统。买方和卖方由四种流程所联结，卖者将货物、服务和信息传递到市场，然后收回货币及信息。现代市场经济中的市场是由诸多种类的市场及多种流程联结而成的。生产商到资源市场购买资源（包括劳动力、资本及原材料），转换成商品和服务之后卖给中间商，再由中间商出售给消费者。消费者则到资源市场上出售劳动力而获取货币来购买商品和服务。政府从资源市场、生产商及中间商购买商品，支付货币，再向这些市场征税及提供服务。因此，整个国家的经济及世界经济都是由交换过程所联结而形成的复杂的相互影响的各类市场所组成的。

（2）销售。销售的任务是辨别和满足人类和社会的需要。对销售所作的最简明的定义是："满足需求的同时而获利。"美国销售协会（AMA）从管理角度所下的定义是：销售既是一种组织职能，也是为了组织自身及利益相关者的利益而创造、传播、传递消费者价值，管理消费者关系的一系列过程。我们从社会和管理角度对销售下定义。社会角度的定义说明了销售的社会作用。从这一角度看，销售是个人和集体通过创造，提供出售，并同别人交换商品和价值，以获得其所需所欲之物的一种社会和管理过程。销售的目的在于深刻地认识和了解消费者，从而使商品或服务完全适合他的需要并形成商品自我销售。销售的对象有十大项：有形的商品、无形的服务、事件、体验、人物、地点、财产权、组织、信息和理念。

（3）市场销售及市场销售者。市场销售是指与市场有关的人类活动。亦即为满足消费者需求和欲望而利用市场来实现潜在交换的活动。它是一种社会的和管理的过程。

市场销售者则是从事市场销售活动的人。市场销售者既可以是卖方，也可以是买方。作为买方，他力图在市场上推销自己，以获取卖者的青睐，这样买方就是在进行市场销售。当买卖双方都在积极寻求交换时，他们都可称为市场销售者，并称这种销售为互惠的市场销售。

三、消费心理学的基本概念

消费心理学作为心理学的一个分支，它的研究对象是：商品销售活动中消费者的购买心理现象和销售人员销售心理现象的产生、发展、变化的一般规律，以及销售过程中销售人员与消费者的心理沟通，内部因素和外部因素对销售人员和消费者的心理影响。具体地说，消费心理学就是研究消费者心理、销售人员或售货员心理、推销员心理，其中侧重研究消费者心理的一般活动过程和购买行为心理，以及销售人员如何与消费者达到心理上的沟通。

消费心理学研究对象的确立，是由商品销售活动中特有的矛盾决定的。销售活动中形成的买卖关系，构成了买与卖这一对矛盾。构成这对矛盾的直接主体是销售人员与消费者，他们之间在商品等价交换的原则下，站在各自的角度来考虑买卖问题。一般来说，销售人员从销售商品出发，其心理活动总是遵循着尽快把商品卖出去的轨迹发展；而消费者则从商品的使用价值出发，其心理活动又总是遵循着不着急、慢慢挑，直到选到一件满意商品为止的轨迹发展。两者之间不同的心理活动轨迹，构成了买与卖这一对心理矛盾，即买者心理与卖者心理的矛盾。因而，这就决定了消费心理学的研究对象是消费者购买心理和销售人员的销售心理，以及销售人员心理与消费者心理的沟通。这是一种双向的心理沟通，即销售人员的心理需要得到消费者的理解与支持；消费者的心理需要也要得到销售人员的理解与支持。因此，学习、掌握消费心理学的基本原理是进行销售活动的基础。它的现实意义，不仅在于理论上的学习，而且在于把理论知识的成果运用于指导销售活动的实践中去。

任务二
认识消费心理学的现实意义

学习情景

在销售过程中，有时候会出现销售人员销售效果一般、销售技能技巧不佳的情况。在这种情景中，很有可能是这些销售人员没有意识到学习销售技巧、运用消费心理学重要性的原因。销售人员除了对销售的技能技巧进行训练外，还必须深刻认识学习消费心理学的意义，掌握消费心理学的知识，才能在现实工作中有效采取销售策略。

学习目的

通过完成本任务，了解销售人员认识和学习消费心理学的重要性和现实意义，促使销售人员在日常工作与生活中，更加积极地学习和深入理解消费心理学。

基础知识与技能

了解作为销售人员自身在销售技巧及客户心理分析方面有哪些欠缺和需要。销售人员应该掌握哪些基本的岗位技能，包括分析技能、观察技能、沟通技能等；具体包括：能认识到学习消费心理学的重要性，能将消费心理学的学习和分析贯穿到日常的销售过程中去。

一、学习消费心理学，有助于促进商品生产和销售，更好地实现社会生产目的

随着市场经济的发展，市场已由“卖方市场”逐步转向“买方市场”，即由生产销售者占主导地位的市场向消费者占主导地位的市场环境转化，买方市场区别于卖方市场的主要标志是：生产不再是以原料、设备、能源为起点，而是以市场、消费者的需要为起点；消费也不再是被动消费，即生产者生产什么，消费者就购买什么，消费者就消费什么的行为，而是积极的、主动的、以自己的需要和好恶心理进行购买选择的行为。消费者需求的变化，引起购买行为的变化；购买行为的变化，又引起市场的变化，市场的变化，又引起商品生产的变化。这就要求企业生产者、商品经营者和商品销售者，在认真分析消费者对商品的心理需求及发展趋向的基础上，合理制订销售计划和组织货源，引导和调节商品生产。消费者对商品的心理需求是多方面的，包括造型、规格、色彩、商标、命名、包装、价格等，销售部门应根据消费者的心理需求，在学习商品对消费者心理影响，以及商品心理价值的基础上预测商品销售趋势，科学地制订销售计划，组织符合人们需要的消费品，从而引导商品生产部门按需生产，有效地调节商品的数量、品种、款式等，提高商品的内在质量和外观质量。

在现代市场上，生产者、经营者和消费者是一个有机的整体，经营者又是生产者和消费者的中介，销售人员是这一中介商品直接销售者，能及时获得来自消费者的各种信息。销售人员可以及时把市场需求的信息，特别是消费者购买心理变化的信息迅速反馈给商品生产部门，指导并促进生产部门按需生产。销售人员与市场联系密切，对市场的信息反应比较灵敏，对市场上各种商品的数量、质量、品种、规格、式样等方面是否满足消费者的需求拥有第一手情报。因而，销售人员可以根据消费者对商品需求的变化情况，促使生产部门生产适销对路商品，增加花色品种。还可以根据对消费者心理的学习，提供符合消费者心理特点的商品样品或设计意图，以便更好地满足消费者的需要。

二、学习消费心理学，有助于观察和判断消费者的心理发展变化，有预见性和有针对性地处理好买卖双方之间的矛盾，提高商品销售艺术，促进经济发展

在商品销售活动中，销售人员或推销员通过细心观察消费者的言谈举止和表情流露，了解他们的购买心理，诸如需求、偏爱、顾虑等，有意识地采取恰到好处的接待方法，就能把整个买卖过程变成一种心情舒畅、欢乐喜悦的交际活动过程，顺利促成消费者的购买行为。

从心理学角度来考虑，要在消费者千变万化的购买行动中，掌握他们的心理特征和心理需求，是一件极为复杂、极为细致的工作。消费心理学正是为学习、探索这一问题，回答这一问题而提供了相关的知识与方法。它赋予销售人员一定的心理学知识，培养其良好的心理素质。如：形成消费者对某种商品需求的主要原因和引起某种商品社会性流行的主要因素；消费者对某种商品的商标或包装发生兴趣或偏好的心理基础；各类消费者由于生活条件、工作特点等因素长期形成的消费习惯或购买习惯等；判断消费者的性格类型；销售人员自身的个性心理特征；销售人员自身的品质、性格、能力等。这样，就能使销售人员从销售活动中掌握消费者心理活动变化的规律性，全面了解消费者在购买阶段各个时期的心理需求，以便确定销售策略，讲究服务艺术。

三、学习和运用消费心理学，有利于适应国内外市场经济形势的变化，提高市场竞争力

国际市场竞争告诉我们，一种商品竞争力的高低、一个企业经营的成败，与这种商品是否适合消费者的心理需求以及采取何种经营对策有着密切的关系。中国的商品销售者们要适应国内外新的经济形势，特别是要在国际市场上能够竞争取胜，就必须在市场销售的各个方面采取适应消费者心理的策略与方法。随着现代科学技术的进步和商品经济的发展，以及生产分工细化和多样化的发展、社会消费需求的改变，商品及其经营必须满足消费者心理需求越来越显得重要。所以商品销售者只有努力掌握消费心理学知识，并把这些知识运用到商店环境布置、商品包装、商业广告、服务接待等方面中去，注重和提高经营艺术，才能在瞬息万变的国内外市场上应付自如。过去我们由于对国外消费者心理特点缺乏必要的了解，在国际贸易上有过不少失败的教训，如大象深受印度人民的喜爱，而欧洲人则认为它呆头呆脑，缺乏灵气，结果出口欧洲的“大象”牌电池，因为商品名称犯忌而销路不畅；红色在中国、日本等东亚国家是喜庆的象征，而在德国和瑞典则表示凶兆，因而销往德国和瑞典的红色爆竹就备受冷落。

学习资源链接

1. 精品视频讲座推荐：《人际关系学》，讲师：曾仕强。台湾省兴国管理学院校长、台湾智慧大学校长、台湾交通大学教授、英国莱斯特大学管理哲学博士。

2. 延伸阅读

现代心理学的八大主题

心理学之所以有不同理论，其原因之一是，不同的心理学家对人性持有不同的观点与解释；其原因之二是，不同的心理学家对人性表现的各行为层面，持有不同的观点与解释。换言之，第一个原因是因对“心理学的整体观念不同而异，第二个原因则是因对，心理学范围内各主题的看法不同而异。讨论至此，读者自然会问：现代心理学中包括哪些重要主题？要回答此问题，我们必先确定问题的范围与层次。如果我们把范围与层次确定在一般性或基础性讨论的普通心理学，在一般普通心理学的范围内，主要包括以下八大主题：

（一）心理的生理基础

科学心理学发展之初，即与生理学具有密切的问题。

（二）感觉与知觉

现代心理学对感觉与知觉的研究，旨在探究个体如何以其各种感觉器官为通路，去觉察、认识以至解释其周围的世界。感觉是知觉的记录员，主要是以生理功能为基础；知觉是感觉的评判者，主要是受心理因素支配。

（三）学习心理观

现代心理学上对学习心理的研究，旨在探究个体在与环境（包括人事物等）交感互动时，行为获得或经验改变的历程。因此，学习并不限于学校中传授的知识，举凡动作、技能、语言、生活习惯、记忆、概念、认知、思考、推理、判断等，均包括在学习心理专题研究范围之内。自然，学习原理的研究带有应用的目的，增进学校教学效果，即应用目的之一。

（四）身心发展

现代心理学上对身心发展的研究，旨在探究个体的身心改变与其年龄增长两者间的关系。早期的发展研究，在年龄上只研究儿童与青年，现代心理学将发展的年限向前后延伸，从产前生命开始起，一直到老死为止，包括了个体一生的全程。

（五）个别差异

现代心理学上所研究的个别差异，主要集中在能力差异与性格差异两方面。个别差异研究的目的，一方面探究差异形成的原因并建立差异的系统理论，另一方面陈述差异的事实，提供教育上因材施教与社会上适才分工之根据。

（六）动机与情绪

现代心理学上一般将动机与情绪相联，视为一个大主题。动机是行为发生与改变的内在动力，情绪则是动机满足与否所带来的行为反应；两者性质虽不尽相同，但有连带关系。

（七）社会心理

现代心理学上对社会心理的研究，旨在探究在团体活动中，个体在行为上或心理历程上，受团体的影响，或个体与个体之间彼此的影响，从而了解人际间的互动关系，以建立系统的社会心理学理论。

（八）异常行为与心理治疗

现代心理学对异常行为的研究，旨在从个体行为的异常现象，探究其导致异常的原因，除从而建立变态心理学之理论外，立评析目前流行之各种心理治疗方法。

训练与思考

训练思考一：

1. 将学生进行分组，选择 3 ~4 家在当地具有代表性的商场或者专卖店，组织学生利用课外时间到商场或专卖店开展现场调研，运用观察法进行消费心理研究，将观察到的客观情况如实记录。

2. 各小组将观察记录在课堂上进行分组讨论，汇报。

训练思考二：

案例讨论：系列销售创佳绩

挪威有一家名叶辛库脱的著名服装公司。该公司有 24 间陈列室，陈列着 3 813 件服装，都是从 1898 年至 1993 年近一个世纪中，曾经在某时期流行的服装。该公司从 19 世纪末开始，将本公司每年生产的流行过的服装，保留一款在陈列室中展示。

公司对消费者宣传时称，所有时装，万变不离其宗，都是从原陈列服装中变化发展而来，采取取历史款式各处之长、创现在市场流行之新的做法，如，今年本公司推出的最新时装，实际上是 ×× 年的领子，×× 年的腰束，×× 年的下摆，等等。总之，是历史式样赋予新时代特点的创新，吸取了那些意念的精华，等等。

这种实话实说、开宗明义的宣传，在消费者中收到了良好效果。他们笃信辛库脱公司的服装，均为积百年之经验而成，属精品。因而，该公司生意十分兴旺，长久不衰。许多消费者还要求进行特约服务，指定要公司为其设计具有古典风格又具现代气息的套装。剧团要演不同年代的戏剧，也寻求辛库脱公司进行服装设计和制作。

而该公司的陈列室对公众展示，仅门票收入就达公司年利润的 15%。此外，服装设计师们也来学习，寻求设计灵感与借鉴，这类消费者还必须交一笔设计参考费。于是，公司不仅广进财源，而且名声大振，真可谓名利双收。

讨论：

1. 该公司向消费者坦陈现在时装的设计思想能对消费者户生什么心理影响？为什么能促使消费者去参观购买该公司的产品？

2. 说说辛库脱公司的设计思想、经营方式能否适应 21 世纪人们的需要？

项目二

2 描述消费者购物心理过程

案例导入

周大福的成功秘诀

中国人向来喜爱金饰珠宝，不仅因为它的保值能力，更因为它凝结着中国文化的灵韵。以前，每逢喜庆节日，金饰珠宝就会大派用场，穿金戴银就是富贵显赫的象征、地位和身份的标记，但从未与潮流时尚拉上关系。珠宝文化发展至今，已形成了多层次、多品种的市场需求，消费者群体对首饰的价值和消费模式，已发生了相当大的变化，只有从单纯比价格，走向比款式、比设计、比工艺，才是珠宝行业最具竞争力的营销策略。

著名的珠宝金饰品牌周大福，就一直见证着首饰时代的转变，不断在创新中谋发展，抓紧营销脉搏，以保持市场的领导地位。

“一口价”打出品牌

周大福在20世纪60年代首创的999.9纯金首饰，成为一时佳话，是当时黄金首饰业的成功典范。自90年代起，又率先采用“珠宝首饰一口价”政策，以薄利多销的经营方式，节省讨价还价的时间，虽然承受着金价差异的风险，但却建立了“货真价实”的诚信形象。

让首饰成为生活必需品

近年，周大福再创先河，提出“珠宝时装化，首饰生活化”的突破性营销理念，把首饰变成生活必需品，将珠宝变成时尚，甚至是一种艺术。

周大福认识到以往单件款式的经销形式，已不能满足现今消费者的购买意向，他们在选购过程中，追求各自的艺术素养、文化品位、个性主张和时代风格，他们喜欢的是一件带点个人特色的潮流首饰，并不再单纯是产品本身的价值。消费模式的转变，更加促使周大福锐意革新，将品牌年轻化，装修店铺，推出面向年轻消费群的潮流饰品CTF2产品线，以此来吸引消费者和扩大市场份额。

时尚风吹进内地

有周大福完整的生产技术及资源作为后盾，CTF2在营销市场上占尽优势，尽情发挥新品牌在设计意念上的创新思维。CTF2的“珠宝时装化，首饰生活化”理念，以珠宝首饰配衬时装设计，把两种不同层面的生活艺术融会贯通，先后推出加入了艺术元素的系列首饰产品，如红楼梦黑玉系列，以当代首饰设计演绎东方古典文化，物料亦不局限于金钻珠宝，旨在突出款式设计及工艺为主，创造一个时尚标记，将产品变成购买者一个不可或缺的饰品。与此同时，周大福根据消费者的心理，采用开放式的态度，广纳知名的有成就地位的设计师，提升产品款式的发挥空间，营销定位相当清晰，标志着饰物发展进入了另一里程。

由于香港的珠宝品牌早已树立了很好的基础和信誉，在落实与内地更加紧密的经贸关系的方案后，香港珠宝首饰业在国内将发展得更加迅速。加上内地的首饰设计还在起步阶段，没有专业培训，设计人才相对匮乏，因此，时尚首饰在内地应该极具发展潜力，买设计、买款式，亦渐渐成为内地人选购首饰的重要模式，从而掀起一股时尚首饰风潮。

问题引出：周大福产品的发展与变化如何引领消费者的认知？

任务一 描述消费者对商品的认知过程

学习情景

在销售人员销售商品的过程中，消费者对于所有商品的认知是有一个循序渐进的过程。消费者首先通过感觉、知觉，形成对商品表面的直观认识，接着通过对商品的注意、记忆、思维、想象等复杂的心理活动来深化这种认识。因此在销售过程中，销售人员必须全面掌握消费者对商品的认知过程，才能把握住消费者的购物心理，达成最佳销售效果。

学习目的

了解消费者的认知过程，掌握消费者对商品的认识是如何形成和发展的，从而能够在销售过程中针对消费者对商品的认知采取积极有效的销售方法。

基础知识与技能

了解消费者在购物活动中对商品是如何认知的。作为销售人员应该掌握哪些基本的岗位技能，包括分析技能、观察技能、沟通技能、交易技能等；具体包括：能够熟练掌握消费者在购物过程中对商品的认知过程，能够针对消费者对商品的认知采取合适而有效的销售方法。

消费者购买商品的消费活动，首先是从其对商品的认识活动开始的。它是消费者购买行为的前提，也是其他心理活动过程的基础。

一、认知过程的心理分析

人在认识客观世界的活动中所表现出的各种心理现象。人的认知过程包括感觉、知觉、记忆、想象、思维过程。

（一）感觉

感觉是人脑对直接作用于感觉器官的客观事物个别属性的反映，是消费者认识事物的起点，消费者一般借助触觉、视觉、听觉、嗅觉和味觉这五种感觉来接受有关商品的各种信息，企业在设计、宣传自己的商品时，应千方百计地突出其与众不同的特点，增强商品的吸引力，刺激消费者的感觉，加深消费者对商品的第一印象，使消费者产生先入为主、一见钟情的感觉。

（二）知觉

知觉是人脑对直接作用于感觉器官的客观事物各种属性的整体反映，知觉过程受消费者的需要、期望、知识、经验等诸多因素的影响。人对客观事物的知觉会产生各种错觉现象，错觉是人对客观事物不正确的知觉，常见的错觉有大小错觉、图形错觉、空间错觉、视听错觉、垂直水平错觉等。掌握错觉对客观事物的影响，可以在广告宣传、包装设计、橱窗布置及货架排列等市场销售活动中加以运用，会产生意想不到的效果。

（三）记忆

记忆是在头脑中积累和保存个体经验的心理过程，运用信息加工的技术术语讲，就是人脑对外界输入的信息进行编码、存储和提取过程，包括印象、情感、逻辑和程序记忆。在商品设计和包装上应注意引起消费者的形象记忆；商品的排列和店面的布置要便于逻辑记忆；销售人员的服务态度要诱发消费者的情感记忆；商品在大规模推向市场前让消费者体验和演练便于消费者的程序记忆。

（四）想象

想象是人脑对通过感知获得的、并通过记忆保持的客观事物形象进行加工改造而形成新形象的过程。想象具有奇妙的作用，企业在商品设计、命名、广告设计和商品介绍时可以用多种方法来丰富消费者的想象力，以达到宣传和推销商品的目的。

（五）思维

思维是人脑对客观事物本质特点的间接和概括的反映，包括形象思维和逻辑思维。由于个人的社会经验、经历和行为偏好等的不同，其在思维的广度、深度、独立性和灵活性等方面也存在差异。比如，有些思维敏捷的消费者往往当机立断，有些消费者思想不独立，容易受广告宣传影响。

二、消费者对商品认识过程的两个阶段

（一）第一阶段：形成阶段

消费者对商品认识的形成阶段，是指消费者通过自己的各种感觉器官，获得有关商品的多种信息及其属性资料的过程。这个过程主要包括消费者的感觉和知觉过程。

1. 消费者的感觉概念及其作用。消费者是如何辨别眼前五光十色、琳琅满目的商品的呢？自然依靠眼看、耳听、手摸、鼻闻、嘴尝，即利用自己身体的各种感觉器官去认识商品。所以，**感觉是指当客观外物（商品）作用人的感官时，产生的对客观事物（商品）的个别属性及其特征的认识。**感觉是人认识的第一个环节，人们在认识客观外物（包括商品）时，总是先从认识客观事物、商品的外部特征开始的。例如，消费者认识一个红香蕉苹果时，看到它的形状是圆的、红色的，摸一摸是硬的，闻一闻是有香味的，咬一口甜滋滋的，人们对苹果这一客观事物的个别属性及其特征的认识，就是感觉。感觉是人各种心理活动的基础，人的各种心理活动都是在感觉的基础上进行的。但是，由于感觉只能认识直接作用于人的感官的客观事物的个别属性及其外部联系和特征，因此，感觉具有片面性、表面性和直观性的特点。根据刺激的来源和反映的特点，可以把消费者的感觉分为两大类：一是反映外界事物的个别属性和特征的外部感觉，包括人的视觉、听觉、嗅觉、味觉和触觉。二是反映身体位置，运动和内脏器官状态及其变化的内部感觉，包括动觉、静觉和肌体觉。心理学的研究表明，人头脑中85%的信息是通过外部感觉中的视觉获得的，另外15%的信息是通过包括听觉在内的其他感觉获得的。

感觉在消费者购物中的作用主要表现为：

（1）消费者对商品的认识都是从感觉开始的。感觉是消费者认识商品的起点。消费者一切复杂的心理活动都是在感觉的基础上产生的。例如，消费者选购商品时，往往先用眼睛观看商品的外表；用手触摸商品的质地；用鼻子嗅商品的气味；用耳朵听商品的声音；用嘴品尝商品的味道等等。通过这些活动，消费者获得了对商品的感性认识，了解了商品的外形、颜色、气味、味道等个别属性和特征，从而对商品产生了美观、漂亮、香甜、新奇、质地优良的感觉和认识，激发消费者对商品的购买欲望。

（2）不同的感觉会引起消费者的不同情绪体验。消费者在购物时首先接触的是购物环

境和销售人员的服务。购物环境的优劣、商品陈列造型和颜色的搭配、灯光和自然灯光的采用、销售人员的仪容仪表、服务态度等，都能给消费者以不同的感觉，从而引起消费者不同的情感体验。

（3）对消费者的刺激不能超出适宜的感觉阈限。消费者认识商品的心理活动，首先是从感觉开始的。而感觉又是在一定的阈限范围内进行的。因此，商业企业、销售人员对消费者发出的刺激信号的强度要适应人的感觉阈限。商业企业做广告，调整价格和介绍商品时就应注意到这点，对消费者发出的刺激信号过弱、过强都不行。如果刺激信号的强度过弱，不足以引起消费者的注意，达不到诱发其购买欲望的目的；但是，如果刺激信号强度过强，则又会使消费者承受不了，走向反面。例如，消费者在购物时，对商品的价格非常敏感，商家为了达到促销的目的，都采取了降价策略。降价销售商品，对消费者是个刺激的信号，但是降价的幅度要符合消费者心理。降价幅度过小，刺激强度不够，不能刺激消费者踊跃购买；如果降价幅度过大，就会引起一些消费者怀疑商品的质量，反而不敢贸然购买。所以，商品一般降价的幅度在10%～30%时较为适宜；而超过50%，则会对商品的品质，商品的质量，商品的安全性，商品的使用价值等产生怀疑，影响其购买信心。例如，大件耐用消费品（如冰箱、彩电），每台提价50元，可能都不会引起消费者的注意，而对于那些柴、米、油、盐、酱、醋、茶、禽、蛋、肉、奶等，消费者须臾不能离开的日用消费品，提价几元钱，甚至几毛钱都会引起他们的强烈关注。因此，商家在采取降价和提价策略时，一定要注意消费者的可接受程度，对消费者的刺激信号不能超出适宜的感觉阈限。

2. 消费者的知觉概念及其作用。

（1）知觉的概念。知觉是指在感觉的基础上形成的，对客观事物整体形象的认识。它是人认识的第二个环节。知觉的形成是在感觉的基础上，对感觉材料综合整理，从而形成了对客观事物的整体印象的认识。消费者在购买商品时，通过知觉活动，对商品的认识又加深了一步，由对商品个别属性及其特征的认识，上升到了对商品的整体认识。例如，对红香蕉苹果，消费者在感觉的基础上，在头脑中形成了一个大大的、圆圆的、红颜色的、有香味的、咬一口甜滋滋的红香蕉苹果整体形象的认识，这时就上升到了知觉认识阶段。当然，消费者知觉的形成，并不是各种感觉的简单相加，它往往要受过去经验的影响。例如，感觉苹果的滋味时，人们就会把它同其他类水果的滋味联系起来，进而加深了对该商品的认识。人们正是依靠过去的经验，才能把感觉到的个别属性和特征综合成一个整体形象，从而把眼前的对象物知觉为某个确定的事物。

（2）知觉的分类。知觉可以按照不同特点分为以下几类：

• 根据知觉反映事物的特征不同，可以把知觉分为空间知觉、时间知觉和运动知觉。这三类知觉比较复杂。空间知觉反映的是物体的空间特性（如物体的大小，距离的远近等）。时间知觉反映的是事物的延续性和顺序性。运动知觉则反映的是物体在空间位置的移动。

• 根据反应活动中某个分析器官所起优势作用的不同，又可以把知觉分为视知觉、听知觉和触知觉。

• 根据人们对外界事物认识正确与否，还可以把知觉分为正确知觉和错觉。正确知觉是指在感觉的基础上形成的对客观事物的整体形象的正确认识；错觉是指人们对外界事物错误的或歪曲的认识。消费者在知觉某一商品时，由于知觉对象受到背景或其他因素的干扰或影响，就会产生对该商品的错误认识，这就是错觉。

（3）知觉的基本特征。人的知觉具有整体性、理解性、恒常性和选择性等基本特征。特别是知觉的选择性能帮助消费者确定购买目的。所以，我们在这里重点地谈谈知觉的选择性。

当人们带着特定的需要、目的、兴趣、爱好、情感、愿望等心理倾向，有选择地把有限的事物作为自己知觉的对象时，就是知觉的选择性。人们在饥饿时，首先知觉到的是食品和其他能充饥的东西；在口渴的时候，首先知觉的是水、饮料或其他能解渴的东西。当人们带着特定的需要、目的、兴趣、爱好、情感、愿望等心理倾向选择事物时，被选择的事物就是知觉的对象，而其他事物则成了人们知觉的背景。但是，知觉的对象和背景关系不是固定不变的，在一定条件下，对象可以转变为背景，背景也可以转变为对象。这一定的条件，就是随着人们的需要、目的、兴趣、爱好、情感、愿望等的变化，知觉的背景和对象在不断地转化。

相关链接

消费者知觉选择的影响因素

• 刺激的大小。一般来说，对人刺激大的事物比刺激小的事物更容易引起人们的知觉。所以，现在广告商都做大幅广告，以吸引消费者的注意。

• 刺激强度的大小。心理学的研究表明，通常那些声音洪亮、色彩鲜艳的东西，比声音细小、色彩暗淡的东西更容易引起人们的知觉。现在很多商人都注意运用“提高刺激强度，唤起人们的知觉”原理。

• 物体的流动性。运动的比静止的物体更容易引起人们的知觉。例如，夜间的霓虹灯广告就比其他静止的广告更容易引起消费者的知觉。

• 色彩对知觉的影响。一般来说，色彩对比度强烈的物体，更容易引起人们的注意，被人们知觉。彩色广告就比黑白广告更容易引起人们的注意，因此，现在广告商在做广告时，大都采用大幅彩色广告而不用黑白广告。海上救生信号都用红色和橘红色，这是因为红色、橘红色色彩鲜艳，更容易引起人们的知觉。

• 位置对知觉的影响。商店的位置，商品摆放的位置，都应选在能引起消费者注意的地方。事实表明，货架上举目可望的商品，就比其他商品更容易引起消费者的注意，销售得更快；穿在模特身上的服装比其他服装卖得更好。因此，一定要把想推销出去的商品放在最显眼的位置上。同样，商店也应选在容易被人光顾的热闹的地方。

（4）错觉及其利用。人们在认识客观事物的过程中，各种错觉是经常发生的，特别是视错觉。所谓错觉是指在特定条件下产生的、错误的、歪曲客观现实的知觉。在消费领域中，既要防止因错觉而造成的认识上的错误，又可以利用错觉为我们服务。

相关链接

错觉在消费领域中的运用

• 空间错觉的运用。一家面积不大的宴会厅或商店，为了增添热烈气氛，在大厅或商店两面的墙上镶上巨大的镜子，使消费者一进大厅，一种盛大之感油然而生，或者使消费者感觉商店的面积很大。大商店里的水果、糕点的店面上镶上镜子，消费者还没来到店面前，就从镜子里看到色泽鲜艳、又大又好的水果，便顿时产生赏心悦目之感，会大大刺激消费者的购买欲望。

• 图形错觉的运用。图形错觉不仅引人注目，而且能产生特殊的心理效果。例如，花布的设计、平面图形显得比较呆板，如果加上不同的线条，可以产生立体感效果，使图形变得生动活泼，更受消费者的欢迎。同样，在广告设计、商标设计、包装设计上，都可以利用图形错觉效应，以提高设计的效果。

• 形体错觉的运用。人的胖瘦、高矮是无法改变的。但是，可以借助错觉原理，用服饰、发型加以调整。如穿深色衣服能使人体形显得苗条些；穿淡色衣服则使人显得肥胖些；穿横条衣服使人显得矮胖些；穿竖条衣服使人显得瘦长些；较肥胖的女士不宜穿具有放大了效果的大花图案的衣服，而宜穿小碎花图案的衣服；个子矮的人宜穿套服和与服装相同颜色的鞋袜，这样可以给人以延长身高的错觉；细长体形的女士宜穿亮色、横条纹、大花的服装，而不适宜穿带竖条花纹的连衣裙；同样道理，头小的男士不宜戴大沿帽，而头大身矮的妇女不宜烫发等等。销售人员懂得这些错觉原理，就可以在为消费者服务时，为他们当好参谋，提高服务质量，提高消费者的满意度。

（二）第二阶段：发展阶段

消费者通过感觉、知觉，形成了对商品的表面的直观认识之后，还要通过一系列环节，诸如通过对商品的注意、记忆、思维、想象等复杂的心理活动来深化和发展其认识过程。

1. 注意的概念及其作用。注意是指人的心理活动集中指向某一事物的过程。注意的中心，就是人心理活动集中指向的对象。注意并不是一种独立的心理过程，而是伴随着感觉、知觉、思维、想象、记忆等心理过程产生的共同特征。因为，人的感觉、知觉、思维、想象、记忆等心理过程的产生，首先是从注意开始的，只有注意着什么，你才感知、记忆、思维着什么。集中性和指向性是注意的两个基本特征。注意的指向性显示了消费者认识过程的对象及所选择的目标。而注意的集中性则说明消费者排除外界干扰将心理活动集中贯注于某一事物，说明了消费者的自身调节功能。例如，消费者在购物时注意“听”，注意“看”，就是其在购物中处于积极的心理状态的表现。

（1）注意的功能。

• 选择功能。注意使人的心理活动有选择地指向那些于自己有意义的、符合自身需要的、与当前活动相一致的事物，而避开或抑制、排除那些无关的事物和影响。当心理活动指向一定事物时，注意就把有关的信息检索出来，并把它与各种无关的信息加以区分，使心理活动按照人的需要和愿望进行集中或者转移。

• 保持功能。保持功能就是使注意对象的映象和内容在主体意识中保持、延续到达到目的为止。注意的保持功能有两种作用：①当外界大量信息进入感觉记忆之后，经过注意把每个信息单元转换成一种更持久的形式，而使之得到更好的保持。②注意能使人的心理活动一直坚持到完成行为动作、直至达到目的为止，不达目的注意还会转移。

• 调节和监督功能。注意可以协调、控制和监督心理活动的正常进行，使之朝着一定的方向和目标前进。注意的这种调节和监督功能，决定着一个人注意的集中与稳定和注意的分配与转移的好坏。有人做事爱出错、马虎、走神，实际上是心理监督机能不够健全所致，消费者对某种商品信息的注意比较集中，就能够帮助他们正确地选择和购买商品。

（2）如何发挥注意在商业销售中的作用。在商业销售活动中，要使商品引起消费者的注意，必须做到以下几点：①提高商品的刺激强度。具有一定强度的刺激物是引起人们注意的重要原因，没有一定强度的刺激，不能引起人的注意。例如，美国的一家食品公司在底特律城郊竖立了一块高 80 英尺、长 100 英尺的巨型面包广告牌，不仅播出介绍面包的音乐，还释放出一种神奇的混合面包的香味，以此来刺激消费者，引起过路人的食欲，结果，这家面包公司的日销量陡增两倍多。②利用好刺激物之间的对比关系。刺激物之间的强度、形状、大小、颜色或持续时间的长短等方面的对比差异，都是引起人的注意的原因。那些特别明显、突出的事物最容易引起人们的注意。例如，常说的鹤立鸡群，万绿丛中一点红等，都会引起人们的特别注意。商家在布置展台和橱窗时就可以利用颜色、形状、大小、灯光等和其他展台和商品形成强烈的对比，突出自己商品特色，引起消费者的注意。③提高刺激物的新异性。任何新异的东西都可能成为无意注意的对象，而那些刻板，千篇一律的习惯性的刺激，不容易引起人们的注意。例如，商家在推销商品时，没有使用过的招术一用就灵，而使用过的，再使用就不灵验了。广告商推出的广告，从广告词到画面上都要有新意，才能引起人们的注意。例如，以前上海有一家梁新记牙刷店，它的广告画面是一个人用九牛二虎之力，用钳子拼命地拔牙刷上的毛，旁边只写“一毛不拔”四个字，说明梁新记牙刷的质量上乘。这一下子引起了消费者的注意。为什么新奇的东西能引起人们的无意注意呢？因为新奇的刺激容易使人产生一种好奇心理。好奇心理是指人们对新奇刺激的注意。所以，商业企业无论是用何种广告推销自己，还是采取何种销售策略时，都要不断创新，只有不断创新才能引起消费者的注意。

2. 记忆的概念及其作用。

(1) 记忆的概念。记忆是指过去的经验和认识在人头脑中的反映。过去认识过的事物，思考过的问题，体验过的情感，采取过的行为等，都以经验的形式在头脑中保持下来，在一定条件下把它反映出来就是记忆。人脑之所以能对过去经历过的东西进行反映，是由于人脑受到外界事物刺激之后，会在大脑皮层上留下兴奋的痕迹，这些痕迹在一定条件的诱导下，就会重新活跃起来，在人脑中重现出已经消失的刺激物的映象。记忆是人脑的重要功能之一。消费者在商店里看到了一个新商品，回到家里能把它的形状、颜色、款式、性能描述出来，这就是通过记忆来实现的。消费者搜集商品的信息，认识商品以及做出购买决策，都离不开记忆。

(2) 记忆过程，包括识记、保持、回忆和再认四个环节。

• 识记。识记是指识别和记住事物的过程。心理学家认为，这是一个反复感知事物，在头脑中建立起巩固的神经联系的过程。例如，记忆外语单词就是反复识记，在头脑中形成音、义、拼法的巩固联系。消费者对广告的记忆也是如此，通过视觉、听觉反复接触广告，在大脑皮层上建立起广告与商品的巩固联系，留下了对商品的印象，识记住了广告商品。

• 保持。保持是指将已经获得的知识和经验，在头脑中得到巩固的过程。人们所识记过的东西并不是都能在头脑中保留下来。有的被遗忘了，有的模糊了，而只有少数印象最深刻的东西清晰地在头脑中保持下来。

• 回忆。回忆是指把过去经验过的事物重新回想起来。例如，消费者在购买商品时，为了进行比较，往往会在头脑中重现出他曾经在别处买过的或使用过的同类商品，这就是回忆。

• 再认。再认是指当过去经验过的事物再度出现在人们面前，对它感到熟悉，能把它辨认出来。例如，消费者在商店里选购商品时，看到某种商品是广告中宣传过的商品，于是对它感到熟悉，立刻把它辨认了出来，就是再认。以上识记、保持、回忆和再认是相互联系和相互制约的过程。没有对事物的识记、保持，就没有对事物的回忆和再认；没有对事物的回忆和再认也不能体现对事物的识记、保持。因此，识记和保持是回忆和再认的基础；而回忆和再认又是识记、保持的体现。

(3) 记忆对消费者认识发展的作用。当消费者初步感知商品后，往往是运用记忆把过去曾使用过的商品、体验过的情感和动作回想起来，进一步加深对商品的认识。商品的命名、商标、包装、广告都是消费者记忆的主要方面。特别是商品的商标，是消费者识别、购买商品的最主要标志。在国外有关消费者行为理论的研究中，专门有关于“商标忠诚者”购买行为的研究，消费者凭着对商品的忠诚与信赖，才重复购买某一品牌的商品。可见，消费者对商标的记忆对商业企业的重要作用。

3. 思维的概念及其作用。

思维是在大量感知觉材料的基础上，对这些感知觉材料进行分析综合判断推理，并借助于言语，对客观事物间接、概括的反映。思维是人脑对客观事物的本质及其规律的认识。间接性和概括性是思维活动与感知觉活动的区别，也是思维的重要特征。思维对企业经营的影响包括以下几方面：

(1) 思维的灵活性与企业经营活动。思维的灵活性是指不拘泥于原来的思维模式、方案、假设，而是概括客观情况的变化，运用已有的知识、经验，灵活地思考问题和解决问题，表现在能力上就是有变通性。思维的灵活性对于搞好市场销售起着非常重要的作用。有些商品滞销，不一定是商品的质量问题，而是经营者的思维缺乏灵活性。他们不能根据当地的不同市场、不同消费者的购买心理进行销售。如果经营者思维灵活些，头脑变通些，就可以出现“山重水复疑无路，柳暗花明又一村”的景象。我们以享誉世界的瑞士著名“雀巢”咖啡为例进行说明。该公司设有多个专门机构，他们定期从物理学、化学、营养学、细菌学方面进行研究，检查雀巢咖啡的配料、口味、色泽、包装，如何适应各国不同消费者心理。例如，销往美国的“雀巢”咖啡要色淡味纯；销往意大利的要色黑、味浓；销往法国的则要不浓不淡，要适中等等。可见，雀巢咖啡公司生产各批咖啡的味、颜色、包装都不是千篇一律的，而是根据不同的国度的消费者的不同特点、心理需求而灵活经营。

（2）思维的敏捷性与市场应变能力。思维敏捷性是指思考问题既快又灵活，能在较短的时间内发现问题和解决问题。在当前激烈的市场竞争条件下，谁具有敏捷的思维，善于分析和研究市场变化，并根据市场变化而随机应变，即谁的思路敏捷，应变能力强，谁就发展得快。英国一个卖望远镜的老板，抓住了英国王子查尔斯和戴安娜王妃在伦敦举行婚礼之机，大发一笔横财。当时，查尔斯王子和戴安娜王妃在伦敦举行了一场耗资10亿英镑，轰动世界的婚礼。在这次盛典中，英国这家老板亲眼目睹了这场20世纪最豪华的婚礼场面。当盛典到来时，从白金汉宫到圣保罗教堂，沿途站了近百万观众，人们都想一睹王子和王妃的风采。就在后排观众正在为无法看到王子和王妃的风采着急之时，突然从身后传来响亮的叫卖声：“用望远镜看盛典了！一英镑一个！”长长的街道两旁出现了成千上万的人抢购望远镜的场面，不大一会儿功夫，用硬纸板配上镜片做成的简易望远镜被抢购一空。

（3）思维的创造性与市场竞争性。创造性思维是指超越平常的思考和活动范畴，创造出新的观念、范畴，新的事物、新的商品等的能力。独特性和新颖性是创造性思维的两个突出特征。人类的进步离不开创造性思维；在激烈的市场竞争中，企业要想站稳脚跟，也必须有独特的招数，这就要依靠创造性的思维出奇制胜。例如，长期以来，瑞士手表一统天下。日本西铁城手表公司，为了开拓澳洲市场，挖空心思地想出了一种极具创意的推销方法：采用直升飞机空投方法，从高空把手表投掷下来，落到指定广场。人们一看，原来是西铁城牌手表，手表掉到地上后完好无损，还在“嘀嗒，嘀嗒”地走着。于是，西铁城手表在澳大利亚名声大振，求购者络绎不绝。这说明，只要企业经营者能克服墨守成规的习惯心理，运用创造性思维开拓思路，并且迎合消费者心理，就能在激烈的市场竞争中取胜。

4. 想象的概念及其作用。

想象是指对原有的感性材料进行加工改造，在头脑中形成新的形象的心理过程。有人称想象是思维的特殊形式，想象是思维的升华。想象带有生动、形象、间接概括的特点。想象同其他心理现象一样，它也是人脑对客观现实的反映。但是，它是一种创造性的反映形式，是以感性材料为基础，以实践活动为动因的创造性活动，那种把想象看成是一种“超现实的自由精神的创造”的观点是错误的。

想象在市场销售中起着重要的作用：

（1）消费者在购买商品时每时每刻都伴随着想象。消费者是否购买某种商品，取决于购买对象与他们想象中的追求是否相吻合，吻合就购买，否则就拒绝购买。例如消费者买了新居后要装修房子，达到什么样的效果，要伴随着想象。总之，消费者在购物时总是要伴随着想象，购买对象符合他们想象中追求的目标，就发生购买行为，否则就拒绝购买。

（2）销售人员在为消费者服务时，想象的作用是不可忽视的。商品成交率的高低，除了其他因素以外，还和销售人员创造性的想象能力的大小有关。优秀的销售人员应能根据不同商品，不同消费者的实际情况，想象出哪种商品更适合哪些消费者的需要。此外，销售人员在摆放商品、布置橱窗、展示商品时，要善于发挥创造性的想象能力。

任务二 描述消费者对商品的情绪过程

学习情景

在销售过程中，经常会遇到带着各种情绪来购物的消费者。有的消费者购物情绪是积极的，有的则很消极，有的二者皆有。并且无论是购物前还是购物中，都有很多因素会影响到消费者的情绪。而销售人员必须深入了解消费者的情绪类型，掌握影响消费者情绪的各种因素，才能采取有针对性的销售策略。

学习目的

了解消费者具有哪些不同的情绪类型，掌握影响消费者情绪的因素有哪些，从而在销售过程中针对消费者的情绪状况采取积极有效的销售方法。

基础知识与技能

了解消费者在购物过程中的情绪过程和类型，以及影响消费者购物情绪的因素有哪些。而作为销售人员应该掌握哪些基本的岗位技能，包括分析技能、观察技能、沟通技能等；具体包括：能够准确分析消费者在购物过程中的情绪状态，能够根据影响消费者情绪的相关因素来采取有效的销售策略。

情绪过程是人认识客观事物时产生的各种内心体验过程。消费者的心理活动既是认识不断变化的过程，也是情感不断变化的过程。

一、情绪过程是消费者购买心理的特殊反映形式

（一）情绪过程的概念

情绪过程，从消费心理学的角度来分析，是指消费者在某一段时间内与消费或购买有关

的具有独特的个性特点和主观体验的一种心理现象，也是一种带有某种色彩的、比较持久的心理状态。它是消费者对购买现场、商品等客观事物的态度在感情上的反映。情绪过程是在感知的基础上，伴随着消费者的认识过程而产生和发展的，通常带有两极性的特点。如愉快与忧愁、愤怒与安静、朝气蓬勃与郁郁寡欢等，反映在商品购买上，表现为对销售服务和商品的满意与不满意、肯定与否定。因此，情绪过程包括消费者对商品和服务的评定阶段和信任阶段。消费者良好的情绪过程，对其购买行为能够产生积极的影响。

（二）消费者购买活动中的情绪色彩

消费者不仅仅是指市场上生活资料的购买者及消费者，还包括生产资料的购买者，即用户，甚至还包括精神商品的购买者。世界上许多国家逐渐形成了以消费者为中心的生产经营活动。生产经营活动以消费者为中心，是企业经营思想成熟的表现，也是社会生产发展的必然结果。在现代市场上，企业的兴衰往往取决于消费者的向背。消费者是思维最活跃的人，在购买商品时，受到生理需要和心理需要的支配，会引起不同的类型变化和外部反映，构成各具特点的对商品的情绪色彩。情绪虽然没有具体的形象，但并不是不可捉摸的。作为人的喜、怒、哀、欲、爱、恶、惧七情，大多数可以通过消费者的神态、表情、语气和行为表现出来。

（三）消费者情绪的类型

消费者的情绪尽管表现不同，千差万别，但在购买活动中，综合各种情绪的表现程度和状况，可以分为积极情绪、消极情绪和双重情绪三大类。

1. 积极情绪。如愉快、喜爱等。它能增强消费者的购买欲望，造成融洽的买卖气氛，促进购买行动。如消费者在选购商品的过程中，由于心境比较好，因而可能愿意听取销售人员关于某种商品的质量、用途及产地的介绍，或旁人对该商品的评价，迅速做出购买决策。

2. 消极情绪。如淡漠、厌恶、愤怒等。它能抑制消费者的购买欲望，阻碍购买行动。不同民族、不同国家、不同地区、不同集体、不同社会阶层的消费者，对同一商品会产生不同的情绪。信奉基督教的国家（地区、民族）的消费者对十三颗星的图案，会很反感，因为他们忌讳13这个数字，而不信奉基督教的国家的消费者则不存在这种厌恶心理。日本曾经向巴西出口过一种配有紫色饰带的钟表，遭到巴西人的反感。原因是：紫色在巴西被认为是不吉利的颜色。中国人不喜欢乌鸦，认为它是丧鸟，而法国人则认为孔雀是丧鸟。所有这些都影响到消费者的购买情绪。

3. 双重情绪。如消费者在购买活动中产生的既满意又失望、既喜欢又忧虑等情绪。消费者同时存在两种对立情绪的现象在购买活动中并不少见。如某消费者在百货商场看中了一个背提两用的红色帆布书包，想为女儿买下，但想到邻居曾买过一个这样的书包，结果是中看不中用，挂背带的铁圈当天就掉了，书包上面的两粒铁扣也是“聋子的耳朵”，扣上后稍一活动就自动打开了，有时文具掉了还不知道，于是又产生了忧虑的情绪。

三种情绪虽然相互对立、差别很大，但又是相互依存、相互联系的，在一定条件下又是彼此转化和相互融合的。

二、消费者的激情

消费者的激情，是指在购买过程中产生的一种爆发性的情绪状态。它是消费者情绪过程的重要因素。消费者的激情表现为，如因销售人员生动有趣的商品介绍而哈哈大笑，或因某种商品的特征突然激发起他强烈的乡土感情，也可能因销售人员服务态度不好而突然发怒，消费的激情对购买行为影响较大。处在良好激情状态下的消费者，购买过程简单、迅速，选购商品时不太爱挑来挑去。有时即使身上带的钱不够买下某一商品，他也会向同伴、熟人借钱来买，或请销售人员先把商品给他留下，待他把钱拿来后再买等。如某消费者因工作急需要买一本有关书籍，当找遍所有书店均无此书时，开始感到沮丧了，然而一个偶然的机会，在一家个体书摊上见到了这本书，他激动万分，这可真是“踏破铁鞋无觅处，得来全不费工夫。”在这种激情状态下，购买决定即刻就产生了，至于书是否被别人翻脏了，价格是否太高等都全然不顾了。处在消极激情状态下的消费者，购买行为往往因此而受到阻碍，其消费态度也可能因此而改变，由满意变为不满意，由想买某一商品而突然变为不买。当一个消费者在选购一件商品时，销售人员的态度不是那么认真，或漫不经心，或显出不耐烦的表情，或讲话带刺等，都容易引发消费者发怒、生气等消极的激情。如果消费者因此而和销售人员争吵，或生闷气，那么极有可能会改变态度，停止购买行为。如某消费者来到一家商店，立即被一台电风扇所吸引，一下子便做出了购买决定。但是，由于商店离家比较远，又没带运输工具，所以向商店销售人员询问是否送货。销售人员回答：“我们店没有这个服务项目，你要就自己拿吧。”消费者听了销售人员冷若冰霜的口气购买的兴趣一下子就消失了。这种情况在购买活动中是屡见不鲜的。积极的激情往往能缩短购货时间，能促使消费者迅速做出购买决策；而消极的激情则不然，往往会使消费者在极短的时间内改变态度，停止购买行为。

三、购买现场和商品对消费者情绪过程的影响

（一）购买现场对消费者情绪过程的影响

购买现场是商店给消费者的第一印象，商店经营的最终目的是要使商品通过销售转移到消费者手中，消费者是否来店，来店后是否购买，直接影响着是否能顺利达到商店经营的最终目的。因此商店的购买现场，应处处体现为消费者服务的主旨。

提供适宜的环境和便利的服务设施，方便消费者参观、选购商品。从消费购买过程来分析，消费者情绪的产生和变化，首先受购买环境的影响，商店的建筑设计使消费者从整体上认识一个商店的客观对象，它会给消费者留下深刻的第一印象。例如，美国芝加哥市水塔广场建起了一座七层楼的百货商场。这个商场的整体设计采用多种形式的隔断，分隔为若干个百货部和专卖单元。消费者一跨进商店的出入口，首先被花草树木沿着阶梯迭落式升起的“阶梯花园”所吸引。沿扶梯上到二层营业厅，就可以看到一个七层楼高的内天井，天井四周环以走廊，好似一个小广场，而与环廊相通的内走廊，又恰似一条商业街，天井中部有一组玻璃电梯负责将消费者输送到各个专卖单元。这个七层大楼里设有两家大百货部，其品种俱全，应有尽有，许多专卖单元加强了同类商品之间的联系，便于人们挑选商品。此外“阶梯花园”迅速将消费者输送到各自所要去的地方，方便消费者寻找购买目标，减少了大

厅式营业由于寻找购买目标不同而造成的拥挤现象。新颖、别致的购货现场，不但能节约资金、合理使用面积，还能起到吸引消费者来店的作用，使消费者处于积极的情绪状态之中。舒适的购物现场能促进消费者情绪高涨。消费者逛商店时，不少人都有一种疲劳的感觉，总想找个地方好好地休息一下，经营者如果从适应消费者的这种心理出发，在店内适当的位置设置一些让消费者休息的地方，那么就可以吸引更多的消费者光临。消费者得到适当的休息，购货的情绪一般都会相对高涨，购买的行动也会变得积极起来。

总之，从消费者购买的过程来分析，消费者情绪的产生和变化，首先受购买环境的影响，如步入宽敞明亮、色彩柔和、美观雅洁、温度宜人的商场，会引起消费者进入愉快的、舒畅的、积极的情绪状态之中；反之，则会引起消费者厌烦的、失望的和厌恶的消极情绪。

（二）商品对消费者情绪过程的影响

商品直接关系到消费者的切身利益。因此，商品对消费者购买的情绪过程起着决定性的影响。从消费心理学的角度来考察，商品不仅是具有使用价值和价值的、用来交换、能满足人们某种需要的劳动产品，也就是说，商品不仅仅是一种有形的物体，而且还包含着一些看不见的因素，如商品的便利性、欣赏性及其消费者感觉到的心理满足等。因此，商品是一种有形的、无形的、各种物质的综合体，即“商品整体”。

商品整体心理对消费者情绪与过程的作用。商品整体，是指能够满足消费者某种需要或欲望的物质商品和非物质形态的服务之组合，它能为消费者带来有形与无形的利益，使消费者产生积极的或消极的情绪。商品整体的概念包括三重含义：商品实质，即商品的使用价值，它关系到消费者的基本效用或利益。商品外形，是指商品的形式，是满足消费者心理需要的外在表现。它包括商品的种类、式样、花色、规格、体积、重量、包装、装潢、厂牌、商标等。商品附加利益，是指商品销售过程中的销售服务，也就是消费对商品效用的延伸，它包括售前、售中、售后服务。商品整体这一概念客观上要求商品经营者不仅向消费者提供满意的、具有使用价值的商品，而且要向消费者提供外形美观、装潢新颖的商品，以及提供各种服务。只有这样，才能使商品对消费者的情绪过程产生积极的影响。

商品联想心理对消费者购买情绪的影响。情绪是人在认识客观事物时所产生的一种态度的体验，它总是伴随一定的认识过程发生，并随着认识的深度与广度而发展变化的。因此，消费者对商品认识的程度，必然引起情绪的发生与变化。当消费者认识或联想到商品符合自己过去经验中所形成的愿望时，就会产生积极的情绪，或向积极的情绪演变，反之，就会产生消极的情绪，或向消极的情绪演变。在现实的购买活动中，消费者情绪的性质和程度往往也是随着对商品的逐步了解而发生变化的，或产生“满意、不满意”，“愉快、失望”等性质对立的情绪变化；或产生“喜欢、欣喜、狂喜”、“疑虑、不满、失望”等情绪程度的变化。如消费者发现某种商品的外观质量很好，引起愉快的情绪，但在深入认识商品的过程中，发现商品的内在质量较差，便产生不满意的情绪，由联想商品的命名寓意，感到不合自己的意愿，从而由不满意的情绪演变为失望或厌恶的情绪。消费者认识商品活动的过程，一般是凭借过去的经验和家庭的经验、朋友或有关群体成员的影响，这些都是情绪产生与变化的重要因素。消费者在认识商品活动的过程中，情绪的产生和变化通常是能够观察到的。

四、个性心理对消费者个人情绪的影响

（一）个人情绪

是指消费者的个性心理在购买活动中所表现出来的具有独特个性特点和内心体验的心理现象，它对消费者情绪过程有着重要的影响。消费者的个人情绪是以其心理状态背景为基础的。个性心理特征是千差万别的人类行为的心理状态的基础。由于个体的个性心理不同，对世间事物的行为反应也不同。个性，亦称人格，是指一个人经常表现出来的、比较稳定的、本质的心理特征。个体的心理特征反映出来就表现为个人情绪。消费者的个性心理特征就是在消费活动中所经常表现出来的、比较稳定的、本质的心理特征，这种心理特征在购买活动中就表现为个人情绪。

（二）影响个人情绪的因素

影响个人情绪的因素是多方面的，概括起来主要是：

1. 个人的社会角色互相冲突。指社会地位、社会职业、社会职务等之间的情绪冲突。

2. 个人环境的改变。由于环境改变，对原来环境中所接触的东西的情绪就相应改变。

3. 个人由于受他人的影响，为寻求新的一致而使情绪发生变化。

4. 个人由于缺乏理性而产生判断、推理上的谬误，导致情绪上的变化，追求满足新奇的需要而产生新的情绪。

（三）消费者个人情绪产生变化的四种类型

个人情绪由积极的转变为消极的；个人情绪由消极的转变为积极的；积极情绪的增强或减弱；消极情绪的增强或减弱。

消费者情绪状态是给购买心理与购买行为染上同一情绪色彩的基本根源。例如：有的消费者由于工作上屡遭挫折，或生活道路的坎坷不平，会导致某段时间的萎靡不振，形成在购买过程中所表现的某种消极情绪的倾向；有的消费者因为物质需要与精神需要都能得到较好的满足，会引起某段时间的情绪振奋舒畅，在购买过程中表现出来某种积极的情绪倾向。消费者的情绪，也会由于出乎意料的事件的强烈刺激而引起高度显著的变化，也会随着某心理状态背景发生变化而逐渐转化。

五、社会潮流对消费者情绪过程的影响

（一）社会潮流的概念

社会潮流，是指在反映大多数人意愿基础上形成的群众性社会活动。社会上的每个人都可能利用这一潮流实现个人的意愿，并使自己的个性得到发展，以适应时代的大潮。社会潮流反映在消费上则形成社会消费潮流。人们的消费总是由低级向高级发展，人们的生活方式和消费方式也总是随着社会经济的发展不断地进入新的消费阶段，形成新的社会消费潮流，它总是反映具有时代风貌的生活方式和对新生活的渴望，成为推动生产发展、繁荣经济的一种新动力。社会消费潮流的具体表现之一是与人们的消费方式、消费行为密切相关的时髦及其时髦心理。

（二）时髦是一种社会消费潮流

时髦，是指在整个社会中传播的、周期性的、自发的、短暂的一种特殊标准式样，是一种社会现象。时髦表现在如何满足人的物质消费上，在服装、家庭陈设和物质享受上最为明显。现代是一个表现穿着个性的时代，不管你有意或无意，大家都在追赶着“时髦”的脚步。穿着个性并不一定在于雄厚的经济基础，俗话讲：“漂亮不在衣裳多”，时髦与高档之间并没有等号，所以赶时髦的最重要一点是气质的培养。当然，时髦的影响不单是穿和吃的物质生活方面，还包括精神领域，如对科学、文艺、美、道德等的追求。时髦反映在人们的心理上，则是指一种普遍的、易变的、不稳定的社会心理，它表现为人们对某一事物的崇尚和追求，就消费而言，是以达到满足生理需要和心理需要为目的。

六、社会情感对消费者情绪过程的影响

社会情感是指消费者在购买过程中运用自己所认识和掌握的社会知识去衡量商品或服务时所产生的情绪。对消费者情绪过程影响较大的主要是：美感和道德感、理智感。社会消费潮流把成千上万的消费者卷进时髦的浪潮。然而，由于人们的审美观和道德观的不同，对消费情绪过程的心理影响也不同。

（一）美感对消费者情绪过程的影响

美感是人喜爱美好事物的心理反映，也是创造美好事物欲望的反映，即人们对客观事物或社会现象和它们在艺术上的反映进行评价时所产生的体验。从广义上说，美感就是指审美意识，包括审美趣味、审美理想、审美感受。这种审美观反映在销售活动中，消费者就会对商品和服务产生不同的美感。消费者的美感会因社会地位、爱好情操、文化修养、实践经验等方面的差异，在购买过程中对客观事物或社会现象得出不同的美感，尤其是处于不同国度、不同种族、不同民族的消费者，其美感的差异性就更为明显。当然，由于消费者都具有共同的生理机能与感觉器官，以及思维、意欲等生存与生活的条件，对客观事物或社会现象的某些方面就有可能得出共同的或近似的美感。国内的绝大多数消费者，由于民族传统与时代风尚的影响，一般生活的条件与方式大体相同，在欣赏事物或现象时，就往往会得出基本相同的美感，如人们穿衣戴帽各有所好，这反映出每个人审美观点的不同，但是，在同一群体中对美感也有其近似之处，时尚商品的出现，就是一个很好的说明。消费者在购买过程中产生的对某种事物或现象的美感，实际上是肯定的态度，是一种高级的社会性情感，它往往以满意、愉快等情绪色彩反映出来。消费者这种美感的程度高低，也是直接影响其情绪的强弱变化的因素。

（二）道德感对消费者情绪过程的影响

道德作为一个特定的科学概念，它是在原始风尚、习惯性基础上，根据一定社会的要求，形成的依靠社会舆论、风俗和人们的内心信念等维持的行为规范。道德感反映在销售活动中，是消费者根据社会道德行为准则去评价事物时所产生的一种情感。如售货员的热情服务、礼貌待客等经营作风，符合了社会道德行为准则，会使消费者产生诸如赞赏感、友谊

感、满足感等属于道德感的肯定的情感，以愉快、欣喜、兴奋等情绪形态反映出来。

（三）理智感对消费者情绪过程的影响

理智感，是消费者的求知欲望是否能够得到的一种情感。消费者对某些构造新奇、性能复杂的商品进行认识活动时，所产生的疑惑感、求知感、好奇感、自信感和犹豫感，都属于理智感，它们都有可能促进消费者做出某种情绪的反映。如某些消费者对新型的、科学性较强的商品，往往不能做出正确的评价，下不了购买的决心，就会产生犹豫感，表现出疑虑的情绪色彩。消费者的理智感，也因其求知欲望的强弱，探求真理的毅力以及兴趣倾向的不同，而有着不同的形式与程度，会随着消费者的认识与实践的不断深入而发展。所以，理智感对消费者在购买过程中的情绪活动起着重要的推动作用。

由此可见，消费者在购买商品时，影响其情绪状态产生和变化的因素很多，既有来自消费者本身生理状态和心理状态的影响，也有受外界事物变化刺激的因素。导致情绪过程，既有稳定的、持续的表现，也有冲动的、起伏的表现，构成一个相当复杂的过程。

任务三
描述消费者对商品的意志过程

学习情景

在消费者购物的过程中，有时候在心理上存在购买的困难和障碍。因此消费者从做出购买决定到实施购买决定，是一个排除干扰、克服困难的意志过程。销售人员在销售过程中必须深入了解消费者的这种意志过程，才能有效采取销售策略。

学习目的

通过完成本任务，了解消费者心理意志过程的特点和阶段，从而在销售过程中针对消费者所处的意志阶段采取积极有效的销售方法。

基础知识与技能

了解消费者作为一个社会人，在购买过程中的做出决定和实施决定的意志过程是怎样的。作为销售人员应该掌握的基本岗位技能包括分析技能、观察技能、沟通技能、交易技能等；具体包括：能够分析消费者在购物过程中的心理意志过程如何，能够运用积极有效的销售方法排除消费者的购买障碍。

一、消费者心理意志过程的概念

意志，是指人们为了实现一定的目的、行为所做出的自觉的坚持不懈的努力。意志过程，就是人们为实现奋斗目标，努力克服困难，完成任务的过程。在意志过程中产生的行为就是意志行为。消费者不仅包括认知、情感过程，还包括意志过程。在销售活动中，**消费者心理意志过程，是指消费者确定购买目标并选择一定的手段，克服困难，达到预定的购买目的的心理过程。**

消费者在购买活动中表现的这种有目的地、自觉地支配调节自己的行动，努力克服各种困难，从而实现既定购买目的的心理活动，就是心理活动的意志过程。

消费者在购买活动中从心理的产生、变化到心理的效应，由购买动机转变为购买行动，除了以生理机制为基础外，还需要心理机能的保证。这种心理保证，能使消费者自觉地实现其既定的购买目的而采取一系列的购买行动，并使消费者在实现购买目的的过程中，努力排除来自内在的和外在的各种因素的影响，保证购买目的的实现。

二、消费者心理意志过程的两个基本特征

（一）消费者有明确的购买目的

意志过程是意志与行为统一的过程，意志与行为联系紧密并体现在行为之中。行为是有机体在环境影响下所引起的内在生理和心理变化的外在反应，意志对行为又起着直接的调节作用。意志行为是与人的目的性紧密联系着的。消费者对商品的意志过程，可以在有目的的购买行动中表现出来。这种购买行动，有它明确的购买目的作为基础。在购买活动中，消费者为了满足自己的需要，总是经过思考而明确提出购买的目的，然后有意识、有计划地根据购买目的去支配和调节购买行动。消费者这种意志与目的性的联系，集中地体现了人的心理活动的自觉能动性。

一般说来，消费者在进行购买活动之前，其活动的结果已经作为意志行动的目的而观念地存在于他的头脑之中。这种观念要变为现实，就必须以预定的购买目的去指导自己的行动，并由此寻找实现购买目的的途径。所以，消费者在确定购买目的后，通常还会考虑如何实现购买目的的方式方法，甚至制定购买计划，预先想象出能保证实现购买目的的行动，一并向着一定的目标采取一系列意志行动。可以说，消费者的意志行动，都是以一定的行动作为基础的，它实质上是消费者内部心理活动向外部行动的转化。

（二）意志过程是排除干扰、克服困难的过程

消费者在确定购买目标以后、付诸实施之前，还会遇到干扰和困难。因此，消费者在为实现购买目的而采取的意志行动的过程，通常就是排除干扰和克服困难的过程。意志对人的心理状态和外部动作的调节作用，一方面表现在它可以推动人为达到预定目的所必需的情绪和行动；另一方面表现在它可以制止与预定目的相矛盾的情绪和行动。这两方面作用的统一，使人能克服各种各样阻碍、干扰和困难。

意志行动过程中，消费者要排除的干扰和要克服的困难是多种多样的，既有由内在因素造成的，也有由外部条件造成的。如同时发生几个不协调的购买动机所产生的冲突；社会性

需求与个人经济条件的矛盾；商品品质、销售方式和服务质量造成的障碍等。消费者在购买活动中，就往往需要克服这些来自主观上的思想干扰和客观条件引起的外部障碍，去实现既定的购买目的。不过，由于干扰与困难的程度不同，以及消费者意志品质的差异，消费者对商品的意志过程有的较为简单，有的则很复杂。简单的意志过程，在确立购买目的后，就付诸购买行动，从决定购买过渡到实行购买。复杂的意志过程，在确立购买目的后，从拟定购买计划到实现购买计划，往往还需要付出一定的意志努力，甚至经过一个准备阶段，才从决定购买过渡到实行购买。

三、消费者心理意志过程的两个阶段

1. 第一阶段：做出决定阶段。做出决定的阶段实际上是消费者在购买前的准备阶段。做出购买决定的阶段是意志行为的初始阶段，它主要表现在动机的确立、目的的确定、选择方法和制定计划等三个方面。消费者在这个阶段的主要表现，就是权衡购买动机，确定购买目的，选择购买的方式方法和制定购买计划。消费者在这个阶段里，主要是克服个人心理上的冲突，战胜内部困难，及时做出购买决定。

消费者的购买行动总是由一定的购买动机引发的，有的购买行动还会有许多动机存在于意志过程的整个活动之中。因此，在多种动机同时出现时，有一定意志力的消费者往往就会认真地加以权衡，对购买动机做出具体的分析，选出恰如其分的购买动机。购买目的是购买行动的预期结果，消费者正确选择了购买动机以后，一般就能确定购买目的。在复杂购买行动中，消费者在购买动机和目的确定的同时或确定之后，还会在头脑中拟定实现购买目的的计划和方法，拟定计划和选定方法还可能经过复杂的思想活动。

2. 第二阶段：实行购买决定阶段。实行购买决定阶段是采取实际行动的阶段，是意识作用的外化和主观见之于客观的阶段。消费者在这个阶段的主要表现，就是根据既定的购买目的采取行动，把主体意识转化为实现购买目的的实际行动。

消费者由做出购买决定直接过渡到实现购买决定都不是一帆风顺的，往往要克服主观上和客观上的各种困难。消费者心理活动的意志过程是保证实现其主体实践活动的一种心理功能。意志行为的两个阶段表明意志过程不仅明显地支配调节消费者的外显活动，而且对其内部活动发生较大的效力，对于推动消费者购买心理的发展，实现购买行为起到了积极的特殊作用。前面谈到，在购买活动中影响消费者的情绪变化的因素是很多的，来自各种因素不同方面的影响。有的可能导致积极的情绪反应，有的可能引起消极的情绪反应。积极的情绪反应有利于消费者购买行动的实现；而消极的情绪反应则可能抑制购买行动的实现。因此，在购买活动中，消费者对消极情绪的克制，就有赖于意志行动的心理过程，如消费者在认识商品的过程中，发现所需购买的商品不大会用，一般都会产生不满意的情绪，影响其购买行动的实现，但有些消费者却能自觉排除这些消极情绪的干扰，积极思考出通过改装商品使之适合自己需要的办法，从而克服外部困难的阻力，实现既定的购买目的。

任务四
理清认识过程、情绪过程和意志过程相互关系的销售作用

学习情景

在消费者购物的过程中，消费者对商品的认知过程、情绪过程和做出购买决定与实施购买决定的意志过程不是孤立的，而是相互关联和影响的。销售人员必须掌握消费者在购物过程中的各种心理过程，才能有效采取销售策略。

学习目的

了解消费者在购物过程中对商品的认知过程、自身的情绪以及购物的意志过程有什么样的关系和作用，从而使销售人员在销售过程中针对消费者购物的完整心理过程能够采取积极有效的销售方法。

基础知识与技能

了解消费者作为一个社会人，在购物过程中完整的心理过程是怎样的，心理过程中的各个方面有什么样的关系和相互作用。作为销售人员应该掌握哪些基本的岗位技能包括分析技能、学习技能、观察技能、沟通技能、交易技能等；具体包括：能够分析和运用消费者在购物过程中的认知、情绪与意志过程的关系，能够针对消费者的完整心理过程采取有效的销售策略。

一、认识过程、情绪过程和意志过程是消费者购买心理活动过程中统一的、密切联系着的三个方面

在购买活动中，消费者心理活动的认识过程、情绪过程和意志过程，是消费者购买心理活动过程中统一的、密切联系着的三个方面。意志过程既有赖于认识过程，又能促进认识过程的发展和变化。因为，没有对社会事物的一定认识，就不能做出和执行购买决定，而通过意志过程的两个阶段，又必然促进认识过程中各种活动的加强，使消费者对有关事物获得新的认识。如在购买活动中，有些消费者往往由于对自己行动的目的没有经过深思熟虑，或对商品缺乏深入的认识，因而在购买过程中表现出犹豫不决；有些消费者通过意志的努力，克服了实行购买决定过程中的各种困难，往往会对商品或其他事物产生新的认识。意志过程有

赖于情绪过程，又能调节情绪过程的发展和变化。

因为，没有积极情绪的推动，就难于做出和实现购买决定。而通过意志过程又可以控制和调节情绪，并因内心冲突与外部障碍的解决，而引起情绪向好的方面发展与变化。如消费者在愉快的心境促使下，对周围的事物都感到顺心，实现购买目的的信心和决心很足，可以鼓舞意志行动的实现；反之，如果在不愉快的心境影响下，对周围的事物都感到不顺心，缺乏实现购买目的的信心和决心，就会妨碍意志的实现，造成意志过程的内部困难。但通过意志过程，有的消费者的情绪也会得到一定的抑制；随着意志行动的实现，情绪也可能向积极的方向发展。

二、认识过程、情绪过程和意志过程彼此渗透、互为作用地影响着消费者的购买活动

在消费者的购买过程中，认识过程、情绪过程和意志过程是彼此渗透、互为作用地影响着消费者的购买活动。因此，在消费者购买心理活动中，认识、情绪、意志这三个过程，是紧密联系、不可分割的统一体。情绪依靠感知、记忆、联想、思维等活动，同时又左右着认识活动。

积极的情绪可以促进消费者认识活动的发展，消极的情绪可以抑制认识活动。认识活动是意志的基础，认识活动又离不开意志的努力。对待商品的情绪同样还可以左右意志，可以推动也可以阻碍购买的意志和行为。意志又能够控制情绪，进行客观冷静地分析，三者之间是互相制约、互相渗透、互相作用的。当消费者对某一商品的购买活动完结之后，又将根据新的需要，进行新的认识过程——情绪过程——意志过程，如此循环往复，以至无穷。

学习资源链接

1. 精品视频讲座推荐：《沟通心理学》，讲师：舒俊琳。

2. 心理测试。

意志品质的自我测量

说明： 本测验是我国心理学家陈会昌编制的意志品质自测简易量表，共20题，每题后有五种答案，要求选择一个最符合自己的答案，最后累计总分。

1. 我很喜欢长跑、远途旅行、爬山等体育运动，但并不是因为我的身体条件适合这些项目，而是因为它们能使我更有毅力。

□很同意　□比较同意　□可否之间　□不大同意　□不同意

2. 我给自己订的计划常常因为主观原因不能如期完成。

□这种情况很多　□较多　□不多不少　□较少　□没有

3. 如没有特殊原因，我能每天按时起床，不睡懒觉。

□很同意　□较同意　□可否之间　□不大同意　□不同意

4. 制订的计划应有一定的灵活性，如果完成计划有困难，随时可以改变或撤销它。

□很同意　□较同意　□无所谓　□不大同意　□反对

5. 在学习和娱乐发生冲突的时候，哪怕这种娱乐很有吸引力，我也会马上决定去学习。

□经常如此　□较经常　□时有时无　□较少如此　□非如此

6. 学习或工作遇到困难的时候，最好的办法是立即向师长、同志、同学求援。

□同意　□较同意　□无所谓　□不大同意　□反对

7. 在练长跑中遇到生理反应，觉得跑不动时，我常常咬紧牙关，坚持到底。

□经常如此　□较经常　□时有时无　□较少如此　□非如此

8. 我常因读一本引人入胜的小说而不能按时睡眠。

□经常有　□较多　□时有时无　□较少　□没有

9. 我在做一件应该做的事之前，常能想到做与不做的好坏结果，而有目的地去做。

□经常如此　□较常如此　□时有时无　□较少如此　□非如此

10. 如果对一件事不感兴趣，那么不管它是什么事，我的积极性都不高。

□是　□有时是　□是与非之间　□很少这样　□不是

11. 当我同时面临一件该做的事和一件不该做却吸引着我的事时，我常常经过激烈的斗争使前者占上风。

□是　□有时是　□是与非之间　□很少这样　□不是

12. 有时我躺在床上，下决心第二天要干一件重要事情（例如突击学一下外语），但到第二天，这种劲头又消失了。

□常有　□较常有　□时有时无　□较少　□没有

13. 我能长时间做一件重要但枯燥无味的事情。

□是　□有时是　□是与非之间　□很少这样　□不是

14. 生活中遇到复杂情况时，我常常优柔寡断，举棋不定。

□常有　□有时有　□时有时无　□很少有　□没有

15. 做一件事之前，我首先想的是它的重要性，其次才想它是否使我感兴趣。

□是　□有时是　□是与非之间　□很少是　□不是

16. 我遇到困难情况时，常常希望别人帮我拿主意。

□是　□有时是　□是与非之间　□很少是　□不是

17. 我决定做一件事时，常常说干就干，决不拖延或让它落空。

□是　□有时是　□是与非之间　□很少是　□不是

18. 在和别人争吵时，虽然明知不对，我却忍不住说一些过头话，甚至骂他几句。

□经常有　□有时有　□有时无　□很少有　□没有

19. 我希望做一个坚强的有毅力的人，因为我深信“有志者事竟成”。

□是　□有时是　□是与非之间　□很少是　□不是

20. 我相信机遇，好多事实证明，机遇的作用有时大大超过人的努力。

□是　□有时是　□是与非之间　□很少是　□不是

凡单序号题（1、3、5……），每题后面的五种回答，从第一到第五种依次记5、4、3、2、1分；凡双序号题（2、4、6……），每题后五种回答依次是1、2、3、4、5分。

评价标准是：若20题得分总分超过81分的（81～100分），说明意志很坚强；61～80分意志较坚强；41～60分意志品质一般；21～40分意志较薄弱；0～20分意志很薄弱。

训练与思考

训练思考一：

以自己最近一次比较大的消费活动为例，分析购买商品时的心理活动过程，研究这种心理活动过程对市场营销人员工作的启示。

训练思考二：

案例分析讨论——“同仁堂”绝妙的采购法

河北省安国县的庙会，是全国有名的药材集散市场。每年冬、春两季，各地药农云集于此。北京同仁堂的药材采购员在采购中使用了一连串的技巧，并善于积极反馈信息，所购的药材比别的店家便宜许多。

原来，他们一到安国，并不急于透露自己需要采购什么，而是先注意收集有关信息。他们开始只是少购进一点比较短缺的药材，以“套出”一些“信息”。例如，本来需要购进1 000斤黄连，他们往往开始只买进100斤上等货，而且故意付高价。“价高招商客”，外地的药商药农闻讯，便纷纷将黄连运到安国。这时同仁堂的采购员却不问津黄连，而是抓市场上其他滞销且又是必须购买的药材大量买进。等其他生意做得差不多时，再返回来采购黄连。此时，他们已得到信息反馈：黄连由于大量拥进市场，形成滞销之势。各地来的药商，为了避免徒劳往返，多耗运输费用，或者怕卖不出去亏本，都愿意低价出售。经过这一涨一落，同仁堂就大量收购市场上各种滞销的药材。药商们吃了亏，影响到第二年药农的积极性，自然就会减少产量。同仁堂的采购员们又能够预测到明年的情况。这样一来，这些减产的药材第二年又会因大幅度减产而价格暴涨，而这时同仁堂的库存早已备足。

商品经济的三大规律之一——供求规律告诉我们，供求与价格之间是相互制约、相互作用相互决定的关系。生产商市场的特点是厂商对原料的采购往往数量较大，购买次数较少。若利用供求与价格的关系，将能带来可观的利益。同仁堂药材采购员正是巧妙地利用了供求与价格的关系，他们到达采购市场后并不是急于购买，而是注意收集有关信息，先以高价少量收购比较短缺的药材，让价格信号供求关系产生调节作用，当供给在短期内大量增加，引起价格大幅度下降时，再大量购进；这样，他们所采购的药材比别的店家便宜很多。不仅如此，他们还能预见到今年的价格对来年的供求和价格产生的影响，即：减产的药材第二年又会因大幅度减产而价格暴涨。而这时同仁堂的库存早已备足。由此一连串的反应，同仁堂占据了市场的主动，又何愁利润空间不大呢？

讨论：

1. 同仁堂制药厂为什么能以比别的店家便宜许多的价格采购到药材？

2. 请用本项目所学的内容分析在采购过程中，同仁堂采购员与药商的心理过程。

项目三 掌握消费者的个性心理特征与购买行为的关系

3

案例导入

联合利华为何落后于宝洁

英国联合利华是世界知名的洗发水生产厂商，20 世纪 80 年代进入中国市场，安营扎寨于上海。经过多年的艰苦努力，联合利华与美国的宝洁公司均成为中国日用洗涤护理品市场的巨头。但相比之下，联合利华与宝洁的差距却是显而易见的。

北京一家大型连锁零售商店的负责人说："宝洁是我们最大的供货商，联合利华的销售量仅及宝洁的 1/5。"根据北京一家权威调查机构公布的"1998 年全国主要城市购物品调查"：宝洁公司商品占据中国市场洗发护发用品的 50%。由对外贸易经济合作部进行的 1997/1998 年度中国规模最大的 500 家外商投资企业排序结果中，宝洁名列第 10 位，将联合利华远远抛在后面。

两家都是世界知名的洗发水生产商，同是 20 世纪 80 年代后期进入中国市场，宝洁落户广州，联合利华扎寨上海。联合利华为何落后于宝洁？

当初联合利华来到中国时，曾花费巨资向著名咨询管理公司请教，设计在中国大陆的发展战略。得到如下建议：与当地已有一定市场份额的企业合作，然后用他们的销售渠道和销售人员去推广联合利华公司的商品。本着这一思路，联合利华公司先后吞并了大陆数家生产销售肥皂、洗衣粉、雪糕的厂家。在国内，联合利华建立了 12 家合资公司，各成体系，每家公司都拥有自己的生产线、分销系统及销售人员。一开始，就有人指出那种联合方式非常笨重，但联合利华公司的领导人顽固地确信，各行其道的子公司能够统一成整体，并且能赚大钱。事实残酷地击碎了梦想，后来的发展证明，不同部门之间常常想法各异，甚至彼此竞争。一家国外零售公司的财务主管解释说："在销售中，宝洁的各路队伍开出的是同一张发货单，彼此行动一致；联合利华开出的发货单各异，它的销售团队彼此竞争。”

中国市场既广阔又复杂，由于地域、文化、习俗的不同，需求也有所差别，因而要更好地满足市场需求，就必须研究开发不同种类的商品，但联合利华在这方面是逊色于宝洁的。下面是联合利华与宝洁公司商品的对照表：

产　　品	联合利华	宝　　洁
洗发护发用品	夏士莲、力士洗发水	飘柔、潘婷、海飞丝、沙宣洗发护发系列
清洁用品	力士香皂	舒肤佳香皂、玉兰油香皂、舒肤佳沐浴露、玉兰油沐浴乳
护肤用品、化妆品	旁氏润肤霜	玉兰油护肤系列、玉兰油活肤洁面乳
妇女保健用品		护舒宝卫生巾、丹碧丝卫生棉条
保健用品	中华牙膏	佳洁士牙膏、佳洁士牙刷
婴儿护理商品		帮宝适纸尿片
食品、饮料	和路雪冰淇淋	品客薯片
织物、家居护理商品	奥妙洗衣粉	碧浪、汰渍、熊猫、高富力洗衣粉

仅就洗发护发用品来说，宝洁公司的每一个品牌都满足了人们的不同需求。如海飞丝突出“头屑去无踪”，飘柔突出“飘逸柔顺”，潘婷突出“营养头发、更健康更亮泽”。这些有明确市场定位和独特市场形象的商品满足了不同需求的消费者，为宝洁公司吸引了大量消费者。相对而言，联合利华在这一点上做得就远远不够。

聘请著名电影女明星作为品牌代言人，是力士香皂的一个特点，力士一贯采用的是顶级女明星，而且每年几乎都会有新的面孔。

然而对讲求实惠的中国人而言，宝洁公司的做法也许更有亲和力和感召力。在宝洁公司的广告宣传里，主角大多是青春靓丽的女生。在形象诉求上，宝洁给人们的印象是，它的消费者对象是广大的中产阶级乃至以千万计的学生阶层。

同是世界知名的洗发水生产商，同是20世纪80年代后期进入中国市场，联合利华却落后于宝洁，个中原因令人深思。

问题引出：作为销售人员，如何根据消费者的特点进行消费者的个性化服务与产品的销售？

任务一
掌握消费者气质类型与购买行为的关系

学习情景

在销售过程中，会遇到不同气质类型的消费者。有的面对你的销售会积极响应，反应迅速；有的则反应缓慢，沉默寡言。这是因为消费者具有不同的气质类型。销售人员必须掌握消费者的气质类型，才能有效采取销售策略。

学习目的

通过完成本任务，了解消费者有哪几种不同的气质类型，掌握不同的气质类型会产生什么样的购物行为，从而销售过程中针对消费者的气质类型能够采取积极有效的销售方法。

基础知识与技能

了解消费者作为一个社会人所具有的自己独特的气质类型以及在购物活动中的具体表现。作为销售人员应该掌握哪些基本的岗位技能包括观察技能、沟通技能、交易技能等；具体包括：能够观察并分析消费者的气质类型，能够针对不同气质类型的消费者采取有效的沟通与销售方法。

一、消费者的气质类型

气质是一个人典型的稳定的心理特征，是指决定一个人心理活动的全部动力，并为个体所独有的心理特点，它主要是由先天因素决定的。气质主要表现出人的心理过程两方面的特点：一方面是心理过程的动力性，另一方面是心理过程的指向性。心理过程的动力性主要包括两个侧面：一是心理过程的速度和稳定性，如知觉的速度、思维的灵活程度、注意集中的长短；二是心理过程的强度，如情绪的强弱、意志努力程度。心理过程的指向性，则是指有人内倾，有人外倾。

一个人属于哪种气质，可以根据以下六种特性判断：（1）感受性。即个体对外界影响产生感觉的能力；（2）耐受性。即人在经受外界事物的刺激作用后，在时间和强度上的耐受程度；（3）敏捷性。即对外界影响（或刺激）的敏捷度；（4）可塑性。即当外界环境或要求变化时，一个人在适应上的难易，采取行动的迟缓，态度上的果断或犹豫等；（5）兴奋性。即指情绪上的兴奋性和表现情绪的强烈程度；（6）外倾性和内倾性。外倾性是兴奋性强的体现，内倾性则是抑制过程占优势的反映。

气质使每个人的行为带有一定的色彩、风貌，表现出独特的风格。一个具有某种气质特征的消费者无论购买什么商品，也无论出于怎样的动机和在什么场合，都会表现出同样的行为特点。气质可以影响一个人进行活动的方式和效率。对于同一商品，不同气质类型的消费者会以完全不同的方式购买。外向型的消费者往往主动询问其他消费者的看法，并愿求助销售人员的帮助。内向型的消费者则相反，一般不主动与周围的人交谈，喜欢自己认真仔细地观察商品，不愿向销售人员或他人求助。

二、气质的类型

苏联心理学家巴甫洛夫发现了人的高级神经活动过程的三个基本特征：（1）神经活动过程的强度；（2）适应能力；（3）灵活程度。这三者不同的结合形成了四种基本类型，这四种类型就是传统上所说的胆汁质、多血质、粘液质、抑郁质四种气质类型的神经生理机制。

不同的气质类型在购买行为方面表现不同。一个消费者的气质特点，虽然在每次购买行为中有所显露，但只有在多次购买行为中，才能全面而鲜明地表现出来。

- 胆汁质气质类型消费者的购买行为表现是：表情喜形于色，言语易于冲动，情绪变化激烈，行为干脆利索，购物决策果断，属于兴奋型。
- 多血质气质类型消费者的购买行为表现是：热情活泼好动，情绪易于转换，反应机智灵敏，实现沟通迅速，言行举止快捷，属于活泼型。
- 粘液质气质类型消费者的购买行为表现是：情绪变化缓慢，安静稳重踏实，固执多疑怯懦，反应从容不迫，言行拘谨自制，属于安静型。
- 抑郁质气质类型消费者的购买行为表现是：心绪消沉于内，反应迟钝犹豫，冷漠孤僻寡欢，多疑内省仔细，言行缓慢腼腆，属于抑郁型。

三、气质理论学习对销售活动的作用

我们在介绍和研究气质理论时，有几点需要强调：第一，以上所分析的四种气质理论只是一般的划分，事实上，现实生活中绝对属于某种气质类型的人并不多，大多数人是以某一种或某两种气质为主，兼有其他气质特征的混合型。第二，人的气质类型不能作社会评价意义上的判断。第三，气质不决定一个人的成才方向和成就高低。气质虽然使人的心理活动染上独特色彩，但它并不能决定一个人的智力发展水平。

那么，气质理论对销售活动有什么意义呢？

1. 根据消费者的气质特征，能更正确地理解消费者行为和活动的某些特点。例如，多血质的消费者，兴趣容易发生变化，接受新事物快，向这样的消费者推销新商品容易被接受购买。粘液质的消费者，固执保守，对这样的消费者应向其推销传统类商品，他们既容易接受，也愿意购买。

2. 掌握消费者气质类型的表现特征，在销售中因势利导。消费者的气质类型主要在四个方面有所表现：

（1）表现在消费者决定购买商品的速度方面。有些气质类型的人决定速度很快，而有些气质类型的人决定速度很慢。一般是多血质和胆汁质的消费者决定速度快一些，而粘液质和抑郁质的消费者决定购买的速度慢一些。

（2）表现在消费者与销售人员接触的主动性方面。多血质和胆汁质的消费者与销售人员的接触要主动一些，而粘液质和抑郁质的消费者与销售人员接触的时候要被动得多。

（3）表现在与销售人员相处的关系方面。多血质和胆汁质的消费者与销售人员主动接触，相处比较容易；而粘液质和抑郁质的消费者比较被动，因而相处的时候不太容易沟通。从情绪方面讲，多血质的消费者情绪不太稳定，容易做出冒犯销售员的行为，而抑郁质的消费者由于对事物十分敏感，容易觉得受到了销售人员的伤害。

（4）表现在对于商品的购物感受方面。粘液质的消费者在购物感受方面比较深刻，抑郁质的消费者在购物体验方面更加深刻，如果他们感觉商品确实很好，他们会铭记于心，如果对于商品不满意，他们做出的反应也会十分激烈，并且由于购物感受十分强烈，对于不满意的商品要求退货或退款的心理经常出现，购买之后，也容易出现后悔的心理。

由于不同气质类型的消费者在购买行为中的表现不同，因而要求销售人员在接待不同气质类型的消费者时就要区别对待，因势利导，采用不同的推销方法。

任务二
掌握消费者性格与购买行为的关系

学习情景

在销售过程中，会遇到各种各样性格的消费者。有的依赖于你的介绍，有的却有很强的购物自主性。销售人员必须掌握消费者的不同性格特点，才能灵活运用各种销售技巧。

学习目的

掌握消费者有哪些性格类型，了解消费者性格对销售活动的作用，从而培养学生在销售过程中以消费者性格为主导的意识，真正体现以消费者为上帝工作理念。

基础知识与技能

了解消费者作为一个社会人所具有的性格特征类型以及在购物活动中的具体表现。作为销售人员应该掌握哪些基本的岗位技能，包括观察技能、沟通技能、交易技能等；具体包括：能够分析不同消费者的不同性格特点，能够针对不同性格的消费者采取积极有效的沟通和销售措施。

一、消费者的性格

性格是人们在对待客观事物的态度和社会行为方式中表现出来的稳定倾向。它是人的个性中最主要的心理特征，一个人如果对某些客观事物的态度和反应在生活中成为经验得到巩固，就会成为其在特定场合中习惯表现的行为方式，并由此构成其性格特征。性格能够表现出一个人独特的、稳定的个性特征，比气质更能反映出一个人的心理面貌。性格和气质互相渗透、互相作用，两者都以高级神经活动类型为生理学基础。它们的主要区别是：（1）存在的客观基础条件不同。气质与神经系统密切联系，性格则较多地受到社会生活环境的影响。（2）稳定性时间长度不同。气质的稳定性在相当长的时间内，甚至人的一生中都不会变化。性格也有相对稳定性，但可能由于生活中的突发事件、重大挫折而变化。（3）互相影响的侧重面不同。气质对性格的情绪性和表现速度、对性格的形成和发展的速度、动态有一定的影响；性格则在一定程度上掩盖和改造气质，使它服从实践所要求的行为方式。

二、性格的特征和分类

（一）性格的特征

性格有着较复杂的结构，是个概括性的概念，具有多方面的特征：

1. 情绪特征。主要表现于情绪、情感活动的强度、稳定性、持久性上。例如，冲动还是冷静，稳定还是波动，乐观还是悲观，抑郁还是开朗等等。

2. 意志特征。主要表现于意志力强弱和自控水平上。例如，坚强还是懦弱，明确还是盲目，独立还是依赖，镇定还是慌张，主动还是被动等等。

3. 理智特征。主要表现于对客观事物认识的方法和速度上。例如，感知事物是主动摄取还是消极灌输，分析问题是细致还是粗略，思维方面是阻滞还是顺畅，想象方面是空幻还是现实等等。

4. 态度特征。主要表现于对社会、集体、他人、个人活动的关系和态度上。例如，交际还是独处，同情还是冷酷，节约还是奢侈，谦虚还是傲慢等等。

（二）性格的分类

消费者的性格是千差万别的，按照不同的角度和标准，可以有不同的区分。

1. 从理智、情绪、意志三种心理机能何者占优势来划分：理智型即用理智衡量一切和支配自己的言行，这种人在购买活动中善于权衡利弊得失；情绪型即言行举止受情绪左右，这种人容易受各种诱因的影响而进行冲动性的购买；意志型消费者购买目标明确，购买决策果断，在购买过程中能够确立自觉、明确的购买目的，并且克服购买过程中的困难，排除各种干扰，完成购买行为。

2. 从消费者心理活动的倾向性来划分：外倾型消费者开朗、外露，善于交际，在购买中易受周围环境、其他消费者的态度以及销售人员态度的影响和感染；内倾型消费者沉静、内向，在购买中往往要经过反复权衡后才会做出购买决定。

3. 从个体活动独立性的程度来划分：独立型消费者有主见，能独立自主地做出判断和选择，不易受外界因素的影响。顺从型消费者缺乏独立性和主见，易受暗示影响，购买时往往犹豫不决。

4. 从社会生活方式来划分：理论型的消费者求知欲强，其兴趣主要在于观察、分析、推理方面，好钻研，自制力强，对于情绪的控制能力较强；经济型消费者倾向于务实，从实际出发，注重财力物力人力和效率等因素，在购物行为中这一类消费者对于商品的价格、商品的真正质量是很关心的；艺术型的消费者重视事物的形象美和心灵的和谐，善于审视美好的情景，善于享受各种美好的事物，把美的价值看成高于一切；社会型的消费者以爱护他人、关心他人作为自己的职责，一般为人善良随和，宽宏大量，乐于交际；政治型的消费者对于权力有极大的兴趣，十分自信，自我肯定，讲原则守秩序，也有的人十分自负，比较专横；宗教型的消费者是指那些重视命运和超自然力量的人，一般有比较稳定甚至很坚定的信仰，退却现实，乐于沉思和自我否定。

三、性格理论对销售活动的作用

大多数消费者由于受多种因素影响，他们的性格类型往往不是单一的，而是中间型或混合型的。销售人员研究消费者的性格特征及类型，目的是更好地做好销售和服务工作。因此要通过观察、交谈或调查分析等手段，认识和把握消费者的性格特征，提高营销水平。根据消费者的性格特征，销售人员在介绍商品时应注意把情感的唤起与理性的号召结合起来加以运用。因为无论何种类型的消费者，他们对商品的认识或多或少都带有理性及感情色彩。例如，名牌羽绒衣一直是人们购物的热点，用户除了在情感上接受其色彩绚丽、精致美观外，还从理性上认识到它的轻巧舒服、保暖性好、社会流行等。因此，心理沟通应当尽可能综合运用情感唤起和理性号召这两种形式。

任务三
掌握消费者能力、兴趣与购买行为的关系

学习情景

在消费者购物过程中，由于消费者的生活环境、生活背景、经济条件、社会层次都各有不同，因此，消费者的购物能力、购物兴趣也是千差万别。作为销售人员，应当能够从消费者进入销售环境开始，迅速地对消费者的生活背景、经济条件、购物能力、购物兴趣做出准确有效的判断，才能高效地完成销售工作。

学习目的

了解消费者有哪些能力与兴趣，掌握消费者的能力与兴趣对购物行为会产生哪些影响，树立起以消费者的购物能力和兴趣进行销售的意识。

基础知识与技能

了解作为消费者这一社会角色应该具备能力以及兴趣取向。训练销售人员具有识别引领消费者购物能力和兴趣的技能；具体包括：能够迅速根据消费者情况分析消费者的购买能力与购买兴趣，能够根据对消费者的判断采取积极有效的销售策略。

一、消费者的能力

所谓能力，是指人顺利完成某种活动所必须具备的、并且直接影响活动效率的个性心理特征。**购物能力或者是购物技能，是消费者为了尽量达到满意以及完美的购物效果而培养的一种能力。**就消费者购物各类商品所需要的基本购物技能来说，主要有以下三种：

1. 对于商品的感知辨别能力。感知辨别能力是消费者在接触、了解和认识商品时所具备的一种能力，是消费者深入认识商品的前提，也是形成对商品第一印象的条件，因此，可以称之为推动购物行为的先导能力。

2. 对于商品的分析评价能力。消费者对于商品的分析评价能力，主要反映在对于商品信息的收集、信息来源的分析评价、他人购物行为的评价、购物场所的评价、商品本身特点的认识和评价能力等。

3. 选购商品时的决策能力。消费者选购商品时的决策能力，主要反映在选择商品时能否正确地做出决策，买到让自己满意的商品。

二、购物能力对购物行为的影响

购物能力是人们在生活实践中逐渐形成的一种生活技巧，是通过有意识地学习一些知识，逐渐积累一些购物经验等途径慢慢形成的。从个人形成购物技能的方式上看，主要有三种方式：

1. 购物经验的积累。在形成购买能力的过程中，购物经验更多的是通过自身的购物实践而形成的。消费者自己购买某种商品有了一定的购物经验，在以后的购物活动中，他会参照上一次的购物经验来评价将要购买的新商品。

2. 逐渐接受有关购物知识形成购物能力，接受外界的各种商品信息而逐渐形成的购物能力。主要是指消费者在有意无意之中，接受广告的宣传，听从亲朋好友、同事邻居的介绍和推荐，在各种场合接触到该商品的一些信息等，逐渐对于该商品有了一定的了解，对于购买和使用该商品的情况有了一定的认识，这种购物能力一般不是主动培养的。

3. 在个人兴趣和爱好支配下形成对商品的购物能力。消费者在自身强烈的兴趣和爱好的支配下所形成的购物能力是主动自觉地形成的。在这种情况下，他们一般会非常主动地搜集商品的有关信息，甚至当他们得到了难以搜集到的信息或购买到难以得到的商品时，会如痴如醉。为了培养消费者在某一类商品方面的购物能力，使他们的购物兴趣能相对集中于某一类商品，企业就应采取可行的途径、方式，使消费者掌握挑选、比较、评判、购买、使用商品的知识和技能，促进消费者购买能力的提高，当消费者有了相当水平的购物技能之后，他们会主动地购买企业所希望的某一类商品。

三、消费者的兴趣

兴趣是人们积极探索某种事物或爱好某种活动的认识倾向。从心理学的角度看，兴趣属于人的个性心理特征结构中的个性倾向性。正是有这种认识的倾向，才使人对某种事物或某种活动予以特别关注，对某种事物给予优先注意。在购物行为中，消费者的兴趣促使他们认识商品，搜集商品信息。

1. 兴趣的特点。兴趣主要表现为：（1）指向性。人们的兴趣总是指向某种客观事物，有具体内容和对象，即为兴趣的指向性。消费者兴趣的指向性可能是购物观的具体体现，也可能是在具体的购物环境中被各种外部因素所诱发的对某类商品的兴趣。（2）持久性。消费者对于发生兴趣的商品，刚开始是处于觉得有趣的阶段，如果这个阶段能够继续发展下去的话，消费者会逐渐对于这类商品形成爱好，有的消费者甚至会对这类商品产生强烈的癖好，养成稳定的购物习惯。（3）差别性。人们的兴趣指向范围有大小，对象、内容的区别，即为兴趣的差别性。不同的年龄和职业，兴趣的投向性有很大的差别。有的人兴趣爱好比较广泛，有的人则兴趣单一等等。（4）效能性。兴趣对个体实际活动所达到的效能的大小，即为兴趣的效能性。兴趣在人们身上发生后，所起的作用因人而异。有的人很容易付诸行动，越做越有兴趣；有的人则只说不练，兴趣慢慢消退。

2. 消费者兴趣的主要类型。就人的一般兴趣而言，按照不同的标准可以把兴趣划分为不同的类型。见表 3－1。

表 3－1　　消费者兴趣的分类

分类	类型	释　义
从兴趣的程度与兴趣范围来划分	癖好型	这是兴趣强度最大的一种类型。这类消费者对于某类商品形成了兴趣，甚至形成了购物习惯，如果不购买这种商品，会有严重的心理不适应感和失落感
	固定型	这类消费者经过多次购物选择，对于某类商品已经产生了稳定的兴趣，这种程度的兴趣一般也不会轻易地丧失
	新奇型	这一程度的购物兴趣会发生在任何一位消费者的身上，如商品的外表、包装、式样等特征具有新意，商品的价格、功能、质量等方面具有特点，从而对这类商品产生兴趣。激发消费者对于商品的兴趣总是有益于购物行为的实现，所以激发了消费者对于商品的兴趣，是销售工作走向成功的第一步。

续表

分类	类型	释　义
从消费者感兴趣的商品类型来划分	新产品	商品新颖别致，尤其是以前在市场上没有出现过的商品，消费者又能够形成新的购物需要，这类商品很容易引起消费者的兴趣；消费者对于商品新颖的式样产生的购物兴趣
	新式样	商品功能方面的改进，商品包装方面的变化，商品式样的翻新，一些促销措施给商品所赋予的新形象等，一般都会激发消费者的购物兴趣
	新风格	消费者会主动地寻找新风格、新式样的商品。由于消费者的兴趣会不断地转移，在开发市场、为消费者提供商品的时候，就应该不断地开发出新的商品式样，新的商品风格，以及新的商品种类出来，不断满足消费者的需要

四、消费者兴趣对购物行为的影响

1. 消费者的兴趣刺激购买行为的发生。消费者在自己兴趣的支配下，首先，购买商品的数量容易超过他们的需求水平。其次，消费者往往会随时随地注意搜集和积累感兴趣商品的资料和知识，从而为未来的购买活动作准备。在实际购买感兴趣的商品的过程中，由于兴趣所致，情绪高涨，注意力集中，态度积极，能够缩短决策和挑选过程，较迅速地做出购买决策，完成购买行为。最后，消费者如果对某种商品发生持久性兴趣，比较容易形成购物偏好和习惯，会形成长期性、重复性的购买行为。

2. 利用兴趣与消费者探究意向的联系，做好商品的宣传。人们的兴趣与探究意向有联系，越是具有神秘色彩的东西，人们越喜爱探个究竟，越容易产生兴趣。在商品的购物中，我们可以看到许许多多这样的情况，由于人的好奇心或者探索事物奥秘的愿望的支配，从而对某些商品产生购物的需求。比如，一些影视剧为了吸引收视率，故意起一个神秘的片名，结果人们为了满足自己的好奇心，竞相收看。例如，表现反腐倡廉内容的电视剧起的名字叫《男人底线》。

3. 运用限定销售的原理，促进商品销售。消费者的兴趣还表现在追求商品的奇异特点方面，对于有求异型购物心理的人来说，他们愿意想方设法购买那些难以买到的商品，主要是因为越难买到的商品，越可以显示出他与别人的区别，满足了一种与众不同的自豪感。由于越是难以买到的商品、越是被限制购物的商品，越容易激发人们的购物愿望和兴趣，所以，在销售中，有的厂商就故意制造一种气氛，让消费者觉得这种商品很难在一般的商店里买到，消费者会觉得这样的商品更吸引人，从而提高购买的兴趣。限定销售的原理，正是利用了这种购物心理。例如，某公司推出一款新式照相机，只生产2万台，60%在本国销售。消息一公布，两个月内的订单就超过了2万台，结果只好采取抽签的办法销售，没有抽到购买签的消费者还到市场上以高价购买这种照相机，限定销售的办法取得了巨大的成功。

学习资源链接

1. 精品视频讲座推荐：《营销中的心理战术》，讲师：景玉平。

2. 气质测试：

下面60道题，可以帮助你大致确定自己的气质类型，请根据自己的情况在"很符合、比较符合、介于符合与不符合之间、比较不符合、完全不符合"五个答案中选择一个适合自己的，得分在相应的方框内最后加总：很符合2分，比较符合1分，介于符合与不符合之间0分，比较不符合-1分，完全不符合-2分。

（1）做事力求稳妥，一般不做无把握的事。□

（2）遇到可气的事就怒不可遏，想把心里话全说出来才痛快。□

（3）宁可一个人干事，不愿很多人在一起。□

（4）到一个新环境很快就能适应。□

（5）厌恶那些强烈的刺激，如尖叫、噪音、危险镜头。□

（6）和人争吵时总是先发制人，喜欢挑衅。□

（7）喜欢安静的环境。□

（8）善于和人交往。□

（9）羡慕那种善于克制自己感情的人。□

（10）生活有规律，很少违反作息制度。□

（11）在多数情况下情绪是乐观的。□

（12）碰到陌生人觉得很拘束。□

（13）遇到令人气愤的事，能很好地克制自我。□

（14）做事总是有旺盛的精力。□

（15）遇到问题总是举棋不定，优柔寡断。□

（16）在人群中从不觉得过分拘束。□

（17）情绪高昂时，觉得干什么都有趣；情绪低落时，又觉得什么都没意思。□

（18）当注意力集中于一事物时，别的事很难使我分心。□

（19）理解问题总比别人快。□

（20）碰到危险情境，常有一种极度恐怖感。□

（21）对学习、工作、事业怀有很高的热情。□

（22）能够长时间做枯燥，单调的工作。□

（23）符合兴趣的事情，干起来劲头十足，否则就不想干。□

（24）一点小事就能引起情绪波动。□

（25）讨厌做那种需要耐心、细致的工作。□

（26）与人交往不卑不亢。□

（27）喜欢参加热烈的活动。□

（28）爱看感情细腻、描写人物内心活动的文学作品。□

(29) 工作学习时间长了，常感到厌倦。 □
(30) 不喜欢长时间谈论一个问题，愿意实际动手干。 □
(31) 宁愿侃侃而谈，不愿切切私语。 □
(32) 别人总是说我闷闷不乐。 □
(33) 理解问题常比别人慢些。 □
(34) 疲倦时只要短暂的休息就能精神抖擞，重新投入工作。 □
(35) 心理有话宁愿自己想，不愿说出来。 □
(36) 认准一个目标就希望尽快实现，不达目的，誓不罢休。 □
(37) 学习、工作一段时间后，常比别人更疲倦。 □
(38) 做事有些莽撞，常常不考虑后果。 □
(39) 老师讲授新知识时，总希望他讲得慢些，多重复几遍。 □
(40) 能够很快地忘记那些不愉快的事情。 □
(41) 做作业或完成一件工作总比别人花的时间多。 □
(42) 喜欢运动量大的剧烈体育运动或参加各种文艺活动。 □
(43) 不能很快地把注意力从一件事转移到另一件事上去。 □
(44) 接受一个任务后，就希望能把它迅速解决。 □
(45) 认为墨守成规比冒风险强些。 □
(46) 能够同时注意几件事物。 □
(47) 当我烦闷的时候，别人很难使我高兴起来。 □
(48) 爱看情节起伏跌宕激动人心的小说。 □
(49) 对工作抱认真严谨、始终一贯的态度。 □
(50) 和周围人的关系总相处不好。 □
(51) 喜欢复习学过的知识，重复做能熟练做的工作。 □
(52) 希望做变化大、花样多的工作。 □
(53) 小时候会背的诗歌，我似乎比别人记得清楚。 □
(54) 别人说我"出语伤人"，可我并不觉得这样。 □
(55) 在体育活动中，常因反应慢而落后。 □
(56) 反应敏捷、头脑机智。 □
(57) 喜欢有条理而不甚麻烦的工作。 □
(58) 兴奋的事情常使我失眠。 □
(59) 老师讲新概念，常常听不懂，但是弄懂了以后很难忘记。 □
(60) 假如工作枯燥无味，马上就会情绪低落。 □

记分标准：

● 胆汁质型得分：第 2、6、9、14、17、21、27、31、36、38、42、48、50、54、58 题的得分之和。

● 多血质型得分：第 4、8、11、16、19、23、25、29、34、40、44、46、52、56、60 题的得分之和。

● 粘液质型得分：第 1、7、10、13、18、22、26、30、33、39、43、45、49、

55、57 题的得分之和。

• 抑郁质型得分：第 3、5、12、15、20、24、28、32、35、37、41、47、51、53、59 题的得分之和。

确定气质类型的标准：

• 如果某类气质得分明显高出其他三种，均高出 4 分以上，则可定为该类气质。如果该类气质得分超过 20 分，则为典型；如果该类得分在 10 ~ 20 分，则为一般型。

• 两种气质类型得分接近，其差异低于 3 分，而且又明显高于其他两种，高出 4 分以上，则可定为这两种气质的混合型。

• 三种气质得分均高于第四种，而且接近，则为三种气质的混合型，如多血－胆汁－粘液质混合型或粘液－多血－抑郁质混合型。

训练与思考

训练思考一：

1. 将班级以 4 ~ 5 人分成小组。各组内同学分别根据自己的生活经验谈谈不同气质和性格的消费者其购物时的行为表现；谈谈消费者的兴趣和购物行为的表象；谈谈消费者的能力和购物的行为表象。

2. 各组内同学对自己的气质类型和性格进行剖析，其他同学予以补充完善。

训练思考二：

案例分析讨论——耐克鞋的销量与人的运动兴趣

1985 年，经过数年神秘和令人吃惊的增长后，慢跑爱好者进入中年的迹象变得越来越明显。例如，1984 年，集团跑鞋总量下降了 17%，美元销售额下降了 15%。耐克，这个市场领导者在 1983 年占据了 31% 的市场份额，销售了大约 2.7 亿美元的跑鞋。到了 1984 年，耐克在跑鞋市场上的份额下降到 26%。下降的趋势在继续以致到 1987 年耐克只有运动鞋市场的 18.6%，这是一个它在几年前还占有主导地位的市场。究竟发生了什么事呢？

耐克已经成为一个为职业田径运动员提供技术参数的鞋的制造商。不幸的是，跑鞋市场已经达到了顶峰。按照美国国家运动员产品联合会主席的话：“我们对跑步的参与可能已经接近到最大程度了”。跑步市场已经饱和了，几乎每个想跑步的人都已经使用跑鞋了。

在 20 世纪 70 年代末和 80 年代初，大量的新生代填充了跑步用具市场——年龄从 25 到 40 岁。但是在 80 年代中晚期，进入这个年龄段的人口变少了，这就减少了总需求而作为年近 40 岁的人来说，跑步的乐趣似乎也在锐减。

还有一个原因就是美国人关于健康的理念发生变化。跑步有利于腿部和心血管系统的健康，但是仅此而已。许多跑步者开始注意到他们身体的其他部分也在需要调整状态，人们开始对身体的整体健康越来越感兴趣。所有这些意味著更少的人从事跑步，虽然数以百万的人们仍然在跑步，但是他们更少地跑完全程，而去做其他运动项目。这就演化为更少地替换跑鞋，耐克作为行业最大的制造商销售量当然下滑，损失也最大了。

［分析讨论］

1. 结合本案例，请分析消费者的兴趣对产品销售会产生什么样的影响。

2. 如果你是耐克的高层，你会采取什么样的措施应对消费者兴趣变化导致的销售量下降？

训练思考三：

案例分析讨论——人的气质类型

苏联的心理学家以一个人去电影院看电影迟到为例，对人的几种典型的气质作了说明。假如电影已经放映了，门卫又不让迟到的人进去，不同气质类型的人会有不同的表现：

第一种人匆匆赶来之后，对门卫十分热情，又是问好又是感谢，急中生智会想出许多令人同情的理由，如果门卫坚持不让他进门，他也会笑哈哈地离开。

第二种人赶来之后，对于自己的迟到带着怒气，想要进去看电影的心情十分迫切，向门卫解释迟到的原因时，让人感到有些生硬，如果门卫坚持不让他进门，也会带着怒气而去。

第三种人来了之后，犹犹豫豫地想进去又怕门卫不让，微笑而又平和地向门卫解释迟到的原因，好像不在乎这电影早看一会儿或迟看一会儿，门卫一定不让他进去的话，也很平静地走开。

第四种人来到的时候，首先可能看一看迟到的人能不能进去，如果看到别人能够进去，也跟进去，如果门卫不让他进，也不愿意解释迟到的原因，默默地走开，最多只是责怪自己为什么不早一点来。

［分析讨论］

上述四种人分别代表了哪几种典型的气质类型？又分别可能是哪几种性格？

项目四

4 分析消费者需求与购买行为

案例导入

从豆浆到维他奶

一碗豆浆、两根油条，是三顿美餐中的第一餐，这是长期以来许多中国人形成的饮食习惯。豆浆，以大豆为原料，是豆腐作坊的副食品，它的形象与可乐、牛奶相比，浑身上下冒着土气。以前，喝它的人也多是老百姓。

但是现在，豆浆在美国、加拿大、澳大利亚等国的超级市场上都能见到，与可乐、七喜、牛奶等国际饮品并列排放，且价高位重，有形有派。当然，它改了名，叫“维他奶”。

豆浆改名维他奶，是香港一家有50年历史的豆品公司为了将街坊饮品变成一种国际饮品，顺应不断变化的价值和现代人的生活形态，不断改善其产品形象而特意选择的。“维他”来自拉丁文Vita，英文Vitamin，其意为生命、营养、活力等，而舍“浆”取“奶”，来自英语soybeanmilk（豆奶，即豆浆）的概念。50年前，香港人的生活不富裕，营养不良，各种疾病很普遍。当时生产维他奶的用意，就是要为营养不良的人们提供一种既便宜又有营养价值的牛奶代用品——一种穷人的牛奶。在以后的20年中，一直到20世纪70年代初期，维他奶都是以普通大众的营养饮品这个面貌出现的，是一个廉价饮品的形象。可是到了70年代，香港人的生活水平大大提高，营养对一般人来说并不缺乏，人们反而担心营养过多的问题。如果此时还标榜“穷人的牛奶”，那么喝了不就掉价了码？难怪豆品公司的职员发现，在马路边汽水摊前，喝汽水特别是外国汽水的人喝起来“大模大样”，显得十分“有派”，而喝维他奶的人，就大多站在一旁遮遮掩掩，唯恐人家看到似的。此后，豆品公司的业务陷入低潮。70年代中期，豆品公司试图把维他奶树立为年轻人消费品的形象，使它能像其他汽水一样，与年轻人多姿多彩的生活息息相关。这时期的广告摒除了“解渴、营养、充饥”或“令你更高、更强、更健美”等字眼，而以“岂止像汽水那么简单”为代表。1983年，又推出了一个电视广告，背景为现代化城市，一群年轻人拿着维他奶随着明快的音乐跳舞，可以说，这时期维他奶是一种“消闲饮品”的形象。

然而，到了20世纪80年代后期，香港的年轻人对维他奶怎么喝也喝不出“派”来了，于是，从1988年开始的广告便重点突出它亲切、温情的一面。对于很多香港人来说，维他奶是个人成长过程的一个组成部分，大多数人对维他奶有一种特殊的亲切感和认同感，它是香港本土文化的一个组成部分，是香港饮食文化的代表作，维他奶对香港人如同可口可乐对美国人一样。由此，维他奶又开始树立一个“经典饮品”的形象。

在同一时期，维他奶开始进入国际市场。这一时期，太多的脂肪成了美国等发达国家公民的一大问题。在美国，维他奶标榜高档“天然饮品”。所谓天然饮品，就是没有加入人工的成分，如色素和添加剂等，可以使消费者避免吸收太多的脂肪，特别是动物脂肪。标榜天然饮品，当然受美国人的欢迎。于是便出现了这样历史性的趣事：维他奶创始之初，标榜穷人的牛奶，强调它与牛奶的相似之处，并且价格比牛奶要低；今天在美国市场，维他奶强调的是与牛奶不同的地方（维他奶具有牛奶所有的养分，而没有牛奶那么多的动物脂肪），其价格也比牛奶高。

问题引出： 从豆浆变成维他奶，直至国际饮品的过程，迎合了消费者的哪些心理需要？可以给销售人员哪些启示？

任务一
分析消费者需求与购买动机

学习情景

在消费者购物的过程中，由于消费者的生活环境、生活背景、经济条件、社会层次都各有不同，所以消费者的需求和购买动机是各不相同的。作为销售人员，在销售的过程中，应当能准确地分析不同类型消费者的需要和购买动机，从而实现有效的销售工作。

学习目的

了解消费者有哪些类型的需要与动机，掌握消费者不同的需求和动机会分别产生什么样的购买行为，树立起深入分析消费者的需求与动机以及根据消费者的需求与动机进行销售的意识。

基础知识与技能

了解作为消费者这一社会角色在购物过程中存在哪些需要和动机。训练销售人员具有识别、分析消费者的需要和动机、引领消费者进行购物的技能；具体包括：能够准确分析消费者进行消费的需要和动机，能够针对不同需要和动机的消费者采取有效的销售措施。

一、消费者需要、动机的概念

（一）消费者需求的含义

要了解需求的概念，就有必要弄清楚需求与需要、欲望的异同。心理学家一般认为，需要是指由人自身生理条件或者社会因素所导致的那种欠缺的或未满足的主观感受状态。这种未满足的主观感受状态是一种不舒服的紧张状态，它会促使人们采取一定的措施去缓解。比如，由于长时间未进食而感觉到肚子饿，人们就只有吃东西才能缓解肠胃内部的不舒服状态。人的需要是多种多样的，既有物质方面的，又有精神方面的。但是，必须指出的是，不论是什么性质、什么类型的需要都不是市场营销工作所能创造和改变的，它们总是具有一定的“天然性”和“固定性”。

那么，市场营销活动影响或者激发出来的到底是什么呢？准确地说，市场营销活动激发和影响的是人们的消费欲望。所谓欲望，是指希望得到能够满足某种基本需要的具体商品的愿望。这种欲望或者愿望才是营销活动的对象。同一种基本需要可以产生不同的消费欲望，当然也可以通过不同的商品来满足。比如，可以用土豆充饥，也可以用汉堡包来填饱肚子。换句话说，为数不多的基本需要可以产生多种多样的欲望。所谓需求，是指有能力购买并且愿意购买某种商品的欲望。综上所述，需要、需求和欲望三者之间是有很大区别的，市场营销活动不能创造或者影响人的需要，它只能影响或者创造人的消费欲望和消费需求。

我们可以从生活中体会到，消费者的一切消费行为都是由一定的需要、欲望或者需求导致的，换句话说，消费者的所有消费行为都是为了满足或者缓解自己的某种特定的需要，因此，市场营销的任务就是刺激消费需求，从而帮助消费者满足自己的需要。

（二）消费者需要的分类

人类的消费需要是多方面的，十分复杂，可以从不同角度对消费需要进行分类。按照需要的起源不同，可以分为自然的需要、社会的需要。自然的需要又称生理需要，是指消费者为维持和延续生命，对于衣、食、住、睡眠、安全等基本生存条件的需要。社会的需要又称心理需要，是指消费者在社会环境的影响下所形成的带有人类社会特点的某些需要，如社会交往的需要、对荣誉的需要、自我尊重的需要、表现自我的需要等。

按照需要的对象不同，可以分为物质的需要、精神的需要。物质的需要是指消费者对以物质形态存在的、具体有形的商品的需要。这种需要反映了消费者在生物属性上的欲求。精神的需要是指消费者对于观念的对象或精神商品的需要。这种需要反映了消费者在社会属性上的欲求。按照需要的形式不同，可以分为生存的需要、享受的需要和发展的需要。生存的需要，包括对基本的物质生活资料、休息、健康、安全的需要。满足这类需要的目的，是使消费者的生命得以维持和延续。享受的需要表现为要求吃好、穿美、住得舒适、用得奢华，有丰富的娱乐生活。这类需要的满足，可以使消费者在生理和心理上获得最大限度的享受。发展的需要体现为要求学习文化知识、增进智力和体力、提高个人修养、掌握专门技能，在某一领域取得突出成就等。这类需要的满足，可以使消费者的潜能得到充分释放，人格得到高度发展。

按照需要的层次不同，可以分为生理的需要、安全的需要、爱和归属的需要、尊重的需要、自我实现的需要。美国心理学家马斯洛于 1943 年提出了“需要层次理论”，把人类多种多样的需要划分为上述五种基本类型。其中，生理的需要是个体为维持生存和发展对基本生活资料的需要，也是各类需要中必须首先满足的最基本的需要。唯有生理需要获得满足后，人们才有可能再产生新的其他方面的需要。

按照需要的商品性能不同，可以分为对商品使用价值、审美功能、时代特征、社会象征和良好服务的需要。对商品使用价值的需要是消费者需要的基本内容。消费者对商品的需要，首先表现为要求商品具有特定的使用价值。对商品审美功能的需要，体现了人类追求、向往美好事物的天性。对商品体现时代特征的需要，反映了消费者需要的发展属性。对商品社会象征性的需要，是消费者希望通过购买和拥有某种商品来显示富有或身份，提高自身的社会地位或知名度。对提供良好服务的需要，反映了消费者不仅购买商品，同时还购买服务的现代需求观念，是现代消费者主体意识和权益保护意识的体现。

（三）消费者需要的特征与形态

现实生活中，消费者的需要千变万化、纷繁复杂，并随着市场经济的发展而不断充实。尽管如此，消费者的需要仍具有某些共同的趋向性和规律性。这些共同性体现于消费者需要的基本特征之中。

1. 消费者需要的特征。

（1）多样性。这是消费者需要的最基本特征。它表现为不同消费者的需要各不相同、千差万别。由于各个消费者的收入水平、文化程度、职业、性格、年龄、民族和生活习惯不同，自然会有多种多样的爱好和兴趣，人们不同的需求差异，就表现为消费需求的多样性。即使是同一消费者，需要也是多方面的。

（2）发展性。消费者的需要不是一成不变的，随着社会经济发展和人民生活水平的不断提高，人们对商品和服务的需求不论是在数量方面还是在质量方面或品种方面，都在不断发展。

（3）层次性。消费者的消费需要是有层次的，一般地说，总是由低层次向高层次逐渐延伸和发展的。当低层次的、最基本的生活需要，即生存的需要被满足以后，就会产生高层次的社会需要和精神需要，这就是消费需求的层次性。

（4）伸缩性。消费者的消费需要受外因和内因影响，具有一定的伸缩性。内因影响包括消费者本身需求欲望的特征、程度和货币支付能力等等；外因影响主要是商品的供应、价格、广告宣传、销售服务和他人的实践经验等等。两方面因素都可能对消费需要产生促进或抑制作用。

（5）周期性。消费者的消费是一个无止境的活动过程，人的一生是一个不间断的消费过程。一些消费需要在获得满足后，于一定时间内不再产生，但随着时间的推移还会重新出现，并具有周期性。

（6）互补性和互替性。消费者的需要对某些商品具有互补性的特点。例如，购买自行车时可能会附带购买打气筒、修理工具、车锁、坐垫套及车筐等等。因此，经营互有联系或互补的商品，不仅会给消费者带来方便，还能扩大商品的销售额。此外，许多商品具有可以互相替代的特点。在市场上，经营者常遇到这种情况：某种商品的销售量减少而另一种在消费上可以替代的商品的销售量增加。例如，丝绸和呢绒销售量增长，棉布的销售量就可能相对减少。

（7）可诱导性。消费者的需要是可以加以诱导、引导和调节的，即可以通过环境的改变或外部诱因的刺激、引导，诱发消费者需要发生变化或转移。

2. 消费者需要的基本形态。在现实中，多种多样的消费需要并非都处于显现的状态，而是存在于各种不同的形态中。从消费需要与市场购买行为的关系角度分析，消费者的需要具有以下基本存在形态：

（1）现实需要。是指消费者已经有对某种商品的实际需要，且具有足够的货币支付能力，而市场上也具有该种商品，因而消费者的需要随时可以转化为现实的购买行动。

（2）潜在需要。是指目前尚未显现或明确提出，但在未来可能形成的需要。潜在需要通常由于某种消费条件不具备所致，如市场上缺乏能满足需要的商品；消费者的货币支付能力不足；缺乏充分的商品信息；消费意识不明确；需求强度低弱等。然而，上述条件一旦具备，潜在需要可以立即转化为现实需要。

（3）退却需要。是指消费者对某种商品的需要逐步减少，并趋向进一步衰退之中。导致需要衰退的原因，通常是由时尚变化，消费者兴趣转移；新商品上市，对老商品形成替代；消费者对经济形势、价格变动、投资收益的心理预期等引起。

（4）不规则需要。又称不均衡或波动性需要，是指消费者对某类商品的需要在数量和时间上呈不均衡波动状态，如许多季节性商品、节日礼品，以及对旅游、交通运输的需求，就具有明显的不规则性。

（5）充分需要。又称饱和需要，是指消费者对某种商品的需要总量及时间与市场商品供应量及时间基本一致，供求之间大体趋向平行。这是一种理想状态。

（6）过度需要。又称超饱和需要，是指消费者的需要超过了市场商品供应量，呈现供不应求的状况。这类需要通常由外部刺激和社会心理因素引起，如多数人的抢购行为；对未来经济形势不乐观的心理预期等。

（7）否定需要。是指消费者对某类商品持否定、拒绝的态度，因而抑制其需要。之所以如此，可能是商品本身不适合其需要，也可能由于消费者缺乏对商品性能的正确认识，或者因旧的消费观念束缚、错误信息误导所致。

（8）无益需要。是指消费者对某些危害社会利益或有损于自身利益的商品或劳务的需要。例如，对香烟、烈酒、毒品、赌具、色情书刊或服务的需要，无论于消费者个人或社会都是有害无益的。

（9）无需要。又称零需要，是指消费者对某类商品缺乏兴趣或漠不关心，无所需求。

无需要通常是由于商品不具备消费者所需要的效用，或消费者对商品效用缺乏认识，未与自身利益联系起来。

从上述关于需要形态的分析中可以得到重要启示，即并不是任何需要都能够直接激发动机，进而形成消费行为。现实生活中，有的需要如潜在需要、零需要、否定需要、退却需要等，必须给予明确的诱因和强烈的刺激，加以诱导、引发，才能驱动消费行为。此外，并不是任何需要都能够导致正确、有益的消费行为。有些需要如过度需要、无益需要等，就不宜进一步诱发和满足，而必须加以抑制或削弱。

二、消费者的购买动机

所谓动机，是指个体所具有的推动其实际活动、以满足其欲望和需求的内驱力。这种内驱力是由未满足的需要所造成的紧张状态产生的，而且是人的所有消费行为产生的根本动力和深层原因。

（一）消费者购买动机的含义及类型

消费者的购买动机与消费者的需要一样，也是复杂多样的，可以从不同的角度，用不同的方式对其进行分类。用概括的方法对消费者的购买动机进行分类，一般分为两大类：生理性购买动机和心理性购买动机。随着人类社会的发展，现代社会的消费者出于单纯生理性购买动机的行为已经少见，通常是两类动机交织在一起，其中一类起主导作用。对在质量、效能、外观等方面基本相似的商品，消费者总要从中选择能获得心理上最大满足的一种。常见的消费者购买动机有以下几种：

（1）求实购买动机是以注重商品和劳务的实际使用价值为主要目的的购买动机。（2）求新购买动机是以注重商品和非商品的新颖、奇特、时尚为主要目的的购买动机。（3）求美购买动机是以注重商品的欣赏价值和艺术价值为主要目的的购买动机。（4）求廉购买动机是以注重商品价格低廉，希望付出较少的货币而获得较多物质利益为主要特征的购买动机。（5）求名购买动机是以追求名牌商品或仰慕某种传统商品的名望为主要特征的购买动机。（6）储备购买动机是以占有一定量的紧俏商品为主要目的的购买动机。（7）自我表现购买动机是以显示地位、身份和财富为主要目的的购买动机。（8）好胜心购买动机是以争强斗胜或为了与他人攀比并胜过他人为目的的购买动机。这类消费者购买商品往往不是出于迫切需要，而是出于不甘落后、胜过他人的心理。（9）好癖性购买动机是以满足个人特殊爱好为目的的购买动机。有些人特别偏爱某一类型的商品，如有些人喜欢养花、养鱼，有些人喜欢摄影、集邮以及收集一些古玩、字画等。因此，他们会经常购买与其嗜好、兴趣有关的商品。（10）惠顾购买动机是以表示信任而购买商品为主要特征的购买动机。消费者从经验或印象出发，对某种商品、某个厂家、某家商店、某个售货员等产生特殊的好感，信任备至，在购买中非此不买。

以上列举的仅是现实生活中常见的一些很有限的消费者购买动机。需要指出的是，消费者仅由一种动机而采取行动的情况在现实生活中为数不多，常常是多种动机共同作用的结果。因此，不能孤立地研究和看待上述各种动机。

（二）消费者购买动机的作用

心理学认为，动机在激励人的活动方面具有下列作用：

1. 始发作用。动机是人们行为的根本动力，具有引发个体活动的作用。消费者的购买行为就是受其购买动机的驱使而进行的。

2. 导向（或选择）作用。动机不仅能引起行为，而且还能使行为指向一定的方向。个体消费者可以同时有多种动机，但这些动机中，有些目标一致，有些相互冲突。如果不能同时满足，那么某种最强烈的动机使行为在一定范围内，朝着特定的方向，选择性地决定目标，即首先满足人们最强烈、最迫切的需要。

3. 维持作用。动机的实现往往要有一定的过程。在这个过程中，动机可以贯穿于某一具体行动的始终，不断激励人们，直至动机实现。

4. 强化作用。即由某种动机引发的行动结果对该行为的再生具有加强或减弱的作用。满足动机的结果能够保持和巩固行为，叫作“正强化”；反之，减弱和消退行为，叫作“负强化”。

5. 中止作用。当某种动机得到满意的结果，如消费者在某方面的需求获得满足之后，便会中止有关的具体行动。

任务二
分析消费者的购买决策和购买行为

学习情景

在销售过程中，销售人员会遇到不同年龄段、性别、经济收入、生活背景的消费者。这些不同类型的消费者在购物过程中，会产生不同的购买决策和购买行为。销售人员必须掌握消费者的特点和行为类型，才能有效采取销售策略。

学习目的

了解消费者的购买决策是如何做出的，不同类型的消费者在购物过程中心理决策过程存在哪些差异，以及购物过程中有哪些购买行为类型；所以销售人员应当学会深入分析消费者的购买决策过程，并根据不同的购物行为类型，在销售过程中能够采取积极有效的销售方法。

基础知识与技能

了解消费者作为一个社会人，在购物过程中如何做出购买决策，以及存在哪些购买行为。作为销售人员应该掌握哪些基本的岗位技能，包括观察和分析消费者购买行为的技能、与消费者进行沟通技能、交易技能等；具体包括：能够正确分析消费者的购买决策过程，分析不同类型的消费者的购买决策心理特点，最后根据不同的购物行为类型采取积极有效的销售方法。

一、消费者购买决策的概念与作用

决策，从汉语词义上来讲，是指从思维到做出决定的过程。从一定意义上讲，购买行为的全过程实质上就是消费者不断进行决策的过程。决策活动在消费者的购买行为中占据重要地位。首先，决策的进行与否决定购买行为的发生与否。当消费者经过认定需要，选择商品，做出购买的具体决定时，购买行为才实际发生。其次，决策的内容规定着购买行为的发生方式。经决策确定的购买商品、购买地点和购买数量，决定着消费者何时、何地、以何种方式进行购买。再次，决策的质量决定着购买行为的效用大小。正确的决策可以使消费者以较少的费用、时间买到质价相符、称心如意的商品，最大限度地满足特定消费需要。反之，错误的决策，会使得消费者的所费超过所得，需要无法满足，甚至导致不同程度的心理挫折，进而影响以后的购买行为。

二、购买决策的特点和内容

1. 购买决策的特点。

(1) 决策主体的单一性。由于购买商品是消费者主观需要、意愿的外在体现，直接表现为消费者个别的独立活动。因此，一般是由消费者个人单独进行决策活动，或与直接购买者关系密切的群体，如家庭、亲友共同进行。

(2) 影响决策因素的复杂性。消费者的决策虽然表现为个人的、相对简单的活动，但却受到多方面因素的影响和制约。如消费者个人的性格、气质、兴趣、生活习惯与收入水平，消费者所处的空间环境、社会文化环境和经济环境等。各种刺激因素，包括商品本身属性、价格情况、企业的信誉和服务水平，以及各种促销形式等，都会对消费者的决策内容、方式及结果产生影响。

(3) 决策内容的情景性。由于影响决策的各种因素不是一成不变的，而是随着时间、环境、地点的变化不断发生变化，因此，消费者的决策具有明显的情景性，其具体内容方式因影响因素的不同而异。

2. 消费者购买决策的具体内容。人是有思想的动物，所有人类的行为都是大脑对刺激物的反应。对内外环境刺激变化的反应，促成了消费者的购买及其行为。对购买决策的分析也要从环境对思维的刺激入手，要分析购买的主体——消费者，购买的客体——商品和购买环境等几个方面。其具体内容包括：

(1) 购买原因决策。即为什么要购买。(2) 购买目标决策。即为什么买这种商品而不买那种商品。(3)购买方式决策。即决定怎么购买。(4)购买地点决策。即解决消费者去哪儿购买。(5)购买时间决策。即指在什么时候去购买商品。(6)购买频率决策。就是消费者决定多长时间购买一次。这方面的决策与商品的寿命、使用周期以及家庭状况有直接的联系。

三、消费者购买决策过程

消费者的购买决策过程分为五个阶段：需求认知→寻找信息→比较评价→做出决策→购后评价。

1. 需求认知。根据心理学研究，当人们缺乏某种东西时，心理上会产生某种紧张和不安的感觉，当这种感觉被人所意识到后，便产生解除这种紧张与不安的心理愿望，这便形成了一定的需求。由“缺乏感”转为“需求感”构成了消费者产生购买动机的原始基础。

2. 寻找信息。为了满足需要，就要寻找信息，产生了需要，并不一定能转化为购买动机和进而实现购买，只有当某种需要的欲望和相应的能满足这种需要的客观事物（外界刺激）结合在一起的时候，动机才能产生。可见，在需要和动机之间，有一个把它们联系到一起的媒介，这个媒介就是有关商品的各种信息。

3. 比较评价。各种方案的利弊不一，为此，需要加以比较评价。选择评价的标准会因消费者价值观念不同而异，对同一方案，不同的消费者会做出完全不同的评价，其取舍的结果也迥然相异，比较评价所用的时间也有长有短，一般对于紧俏、名牌、低档商品、日常生活用品等，消费者在选择时所花时间较短，而对高档耐用、价格昂贵的消费品，选择的时间则较长。

4. 做出决策。在对各种方案进行充分比较评价后，便可确定最满意的方案，即做出购买决策和实现购买，这是购买行为的中心环节。

第一个因素是其他人的态度。例如，某女青年已准备购买一件高档时装，但她的朋友或家里人持否定的态度，告诉她那件时装不值得买，这就会影响其购买意图。否定态度越强烈，或持否定态度者与购买者关系越密切，则改变购买意图的可能性越大。第二个因素是意外的环境因素。购买意图是在预期家庭收入、预期价格和预期收益的基础上形成的，如果发生了意外的情况——失业、意外、急需、涨价或亲友带来该商品令人失望的信息，则很可能改变购买意图。

5. 购后评价。在消费者购买并使用了某商品后，会有某种程度上的满意和不满意，这将直接影响消费者做出是否继续或反复购买的决策。消费者购买商品的目的是为了消费，而消费是发生在购买以后的。这就是说，前面所从事的一切购买活动都是手段，而最后的消费才是目的。而从商品或服务的消费中得到利益和满足才是真正达到了目的。因此，购后阶段对消费者是很重要的。消费者的购后评价主要表现在两方面：一是购买的满意程度，二是购后行为。

由上述决策阶段可看出，消费者决策是一个完整的过程，这一过程始于购买之前，结束于购买之后。因此，只有从过程的角度加以分析，才能对消费者决策做出完整准确的理解。

四、不同消费者购买过程中心理决策过程的差异

（一）不同年龄消费者购买决策过程差异

1. 儿童购买决策过程的特点。儿童在购买决策过程中一个最大的特点就是消费情绪不稳定。低龄儿童，特别是学龄前儿童，消费情绪是极不稳定的，易受他人感染，易变化。如他们对玩具、糖果等时而喜欢，时而不喜欢，对其所穿用的商品，若受到别人的赞扬，则特别高兴；反之，则表现出不满情绪。

2. 少年购买决策过程的特点。少年在购买决策过程中，具有一个很明显的特点就是喜欢与成年人比拟。他们主观上认为自己已长大成人，应该有像成人一样的权利和地位，要求尊重和被尊重。学习、生活、交友都不希望家长过多干涉，而希望按自己的意愿处理。在消费心理及行为上表现出不愿受家长束缚，自主独立购买自己喜欢的商品，要求与成人、父母等有平等的消费权利，喜欢在生活习惯和嗜好等方面与成人进行比拟。他们的消费需求倾向和购买行为，尽管还不成熟，有时会与家长发生矛盾，但确在逐渐形成之中。

3. 青年购买决策过程的特点。青年在购买决策过程中，最大的特点就是容易冲动购买。例如，一位青年消费者去商店买鞋，但当他（她）看到一件自己喜欢的款式新颖的时装时，即使预先没有购买计划或是暂时没有购买力，也很可能会想方设法，迅速做出购买决策。青年人对商品选择，情感因素占主导地位，往往以能否满足自己的情感愿望决定自己对商品的好恶，购买商品多出于直觉的选择，冲动式购买比较多见。他们还特别注意商品的形状、款式、颜色、牌名等外在因素，所以，专以青年人为销售对象的商品，在装潢设计、工艺美术、牌名商标、包装造型、广告宣传等方面，都应注意直觉效果，以满足青年消费者的心理需求。

4. 中老年购买决策过程的特点。

（1）理智胜于感情，较少冲动购买。中年人经验丰富，情绪反应一般比较平稳，多以理智支配自己的行动。很少感情用事。表现在购买活动中，从购买欲望的形成到购买决策的实施都要经过分析、比较和判断，使自己的购买行为尽量合理、正确、可行，很少有一时冲动。

（2）购物有主见，不易受外界影响。中年人办起事来大多都有自己的主见，且笃信自己的经验和智慧，即便听了广告宣传或别人的介绍、劝诱，也要分析判断一番才能做出购买决策。为此，针对中年人的商品宣传，应当以尊重他们的意见为前提条件，着重“晓之以理”，而不能指望轻易“动之以情”。

（二）不同性别消费者购买决策过程差异

1. 男性消费者购买决策过程的特点。

（1）购买决策的形成过程迅速、果断，具有较强的自信性。男性的个性特点与女性的主要区别之一就是具有较强的理智性、自信性，他们善于控制自己的情绪，处理问题时，能够冷静地权衡各种利弊因素，从大局着想。这些个性特点也直接影响他们在购买过程中的心理活动。因此，男性的购买决策的形成要比女性果断迅速，特别是许多男同志不愿“斤斤计较”，购买商品也只是询问大概情况，对某些细节不予追究，也不喜欢花较多的时间去

比较。

（2）购买决策有时具有被动性。就普遍意义讲，男性消费者不像女性消费者经常料理家务，因此，购买活动远远不如女性频繁，购买决策的形成也不如女性强烈，比较被动。在许多情况下，购买决策的形成往往是由于外界因素的作用，如家里人的嘱咐；同事、朋友的委托；工作的需要等等，决策的主动性、灵活性都比较差。

2. 女性消费者的购买决策过程特点。

（1）购买决策具有较强的主动性、灵活性。大部分女性消费者经常光顾商店，购买商品。女性较多地进行购买活动，原因是多方面的。有的是迫于客观而要，如操持家务，有的则是为满足自己需要，把逛商店、买商品作为一种乐趣或消遣等等。所以女性购买决策的形成具有较强的主动性、灵活性。她们常常会主动想到家里需要添置某件用品，某个人需要购买一套服装等；决策的灵活性也时常体现在购买具体商品上，如原打算购买某种商品，但商店暂时无货，这时，女性往往会做出决定寻找其他适合的替代品，实现购买行为。

（2）购买决策易受外界因素影响，波动性较大。女性购买决策存在一定的波动性。这是因为女性心理活动易受各种外界因素的影响，如商品广告宣传，购买现场的状况，“大减价”、营业员的服务，其他消费者的意见等。

五、消费者购买行为的概念与特点

1. 消费者购买行为的含义。所谓行为，是指人们在外部刺激的影响下，经由内部经验的折射而产生的具有目的性的活动。它受人的内部特性和外部环境的影响，是个体与环境相互作用的结果。如果人的行为发生在消费者的购买活动中，就自然产生了消费者的购买行为。**购买行为，是指消费者为满足某种需要而发生的购买商品的一切活动**。任何个人，为维持个体及家庭的生存，都必须不断地消费他们所需要的商品和劳务，以满足其心理和生理方面的需要。因此，消费者购买行为是人类社会中最具普遍性的一种行为方式，它广泛存在于社会生活的各个方面，成为人类行为系统中不可分割的重要组成部分。

2. 消费者购买行为的特点主要表现为：（1）消费者购买行为与心理现象的相关性。消费者购买行为是消费者心理的外在表现，消费者心理现象是消费者行为的制约因素和动力，两者互相影响和互相作用。消费者的心理现象包括心理活动过程和个性心理特征两个方面，它们既制约着消费者的经济活动，也促进了消费者的购买行为。（2）个体消费行为受社会群体消费影响的制约性。人是一切社会关系的总和，任何个人从本质上讲，必然是社会的人，他总是隶属于某一个阶层、团体、家庭和民族，不同集体的成员，其消费行为必然会受到所属群体的制约和影响。（3）消费者购买行为活动中的自主性。消费者在购买行为中，一般都呈现出自主性。他们整个心理活动的过程和实现购买行为都是自主完成的，尽管外界因素在很大程度上影响到消费者的行为，但消费者购买行为的实施，最终取决于消费者个人的主观支配。（4）消费者购买行为的可变性。消费者在实现购买目标的过程中，由于外界条件的发展、变化，以及消费者个人内部因素的变化，包括知识、经验的积累和作用，会使消费者的行为方式发生变化。

六、消费者购买行为类型

1. 按照消费者购买目标的选定程度区分为：

（1）全确定型。此类消费者，在进入销售现场，发生购买行为之前，已有明确的购买目的，对所要购买商品的种类、品牌、价格、性能、规格、式样等都有明确的要求。

（2）半确定型。这类消费者在进入销售现场前，已有一个大致的购买目标，但目标还不很具体、清晰，要经过选择比较才能决定。例如，某女青年计划买一件羊毛衫，选择哪种款式、牌子、颜色、价格、档次等方面的要求尚未完全明确。为此，女青年在购买过程中，需要对各种牌号、款式、色彩、价格的羊毛衫进行了解、比较，并希望得到别人的参谋、帮助，最后根据自己的爱好、需要确定一个明确的目标。

（3）不确定型。这类消费者在进入销售现场，发生购买行为前，没有任何明确的购买目标，进入商店主要是参观、游览，一般是漫无目的地观看商品，或随便了解一些市场商品销售情况，碰到感兴趣与合适的商品也会购买。他们是否购买与商店内外部环境条件及消费者心理状态有关。

2. 按消费者表现的不同特征区分为：

（1）习惯型。这类消费者的购买行为特点是喜欢根据过去的购买经验、使用习惯来购买商品。他们在长期的购买活动中，往往会对某种商品或某家企业产生一种特殊的感情，非常信任、熟悉，以致形成某种定势。在这种偏好和信任的基础上，消费者决策果断，成交速度快，不受时尚风气的影响，购买行为表现出很强的目的性。

（2）理智型。这类消费者的特点是，在购买活动中善于观察、分析比较，根据自己的经验和对商品的知识，广泛收集所需要商品的信息，经过周密的分析和思考，才能做出购买决定。因此，此类消费者，在整个购买过程中保持高度的自主，并始终由理智来支配行动。

（3）感情型。此类消费者的购买行为特点是带有浓厚的感情色彩。表现在选购商品时，感情体验深刻，想象力和联想力特别丰富，审美感觉也比较灵敏。

（4）冲动型。此类消费者的特点是情绪易于冲动，心境变换剧烈，对外界的刺激反应敏感，在购买过程中表现为冲动式购买。他们对商品的选择以直观感觉为主，易受广告宣传或商品造型、色调等外观的影响，并喜欢追求新商品和新时尚商品，对价格是否合算、商品是否真正适用不大考虑，常凭个人兴趣购买，交易迅速，买后往往感到并非是自己最满意或最需要的，因而产生懊悔之情。

（5）经济型。这类消费者对商品的价格非常敏感，往往以价格的高低作为选购标准。这类消费者又可以分为两种类型：一种是对廉价商品感兴趣的消费者；另一种则是喜欢选购价格高的商品，认为价格高的商品必然质量好。因此，经济型又称选价型。

（6）从众型。此类消费者的特点是易受众人同一购买趋向的影响，对所要购买的商品不作分析、比较，只要众人购买，便认为一定不错。因此，在市场上经常发生这样的情况，只要有较多的人购买某种商品，就会有人跟随购买，尽管所购商品并非是自己急需的商品。

（7）不定型。此类消费者的特点是购买心理活动不稳定，缺乏购买经验，他们是不常购买或奉命购买商品的人，他们在购买过程中，缺乏主见，对自己需要的商品没有固定偏爱，往往长时间处于犹豫不决的状态。这类消费者渴望遇到态度温和的销售人员，乐于听取他们的介绍。

3. 按消费者在购买现场的情感反应区分为：

（1）沉静型。此类消费者在购买活动中，很少受外界因素的影响，感情不外露，举动不明显，沉默寡言，态度持重，交际适度，但不随和，不愿与销售人员谈与商品无关的话题。他们往往属于神经过程平静而灵活性低、反应比较缓慢而沉着类型的人。

（2）谦顺型。此类消费者在选购商品时，愿意听取销售人员的介绍和意见，做出购买决定较快，他们很少重复检查商品质量，但对销售人员的态度很敏感。这些消费者往往属于神经过程比较薄弱、难以忍受神经紧张，内心体验较深刻的一类人。

（3）活泼型（健谈型）。此类消费者在选购商品时，能很快与销售人员接近，愿意与他们或其他消费者交换意见，话题多、兴趣广、爱开玩笑，有时甚至谈些与选购商品无关的话题。他们往往属于神经过程平衡而灵活性高，环境适应能力强，兴趣爱好易于变化的一类人。

（4）反抗型。此类消费者在购买过程中，往往不能听取别人的意见，对销售人员的介绍持有戒心，异常警觉，持不信任态度。甚至于销售人员越是推荐、介绍其商品，他越不买。他们多属于性情孤僻、独立、主观意志较强的一类人。

（5）傲慢型（激动型）。此类消费者在选购商品时，表现出傲慢的态度，神气十足，甚至会用命令的口吻提出要求，且情绪易于激动，稍不合意就会与销售人员发生争吵，不能自制。他们多属于神经过程强烈，而抑制能力差，情绪易于冲动的一类人。

以上所述并非是消费者购买行为的全部类型。在现实生活中，消费者购买行为远非几种简单的类型所能归纳，而是相当复杂的。因此，确定分析消费者的购买行为，必须结合现实购买环境，结合消费者的言行特点，以及他们对商品的心理反应等方面进行具体的分析。

学习资源链接

1. 精品视频讲座推荐：《高效卖场的消费者应对技巧》，讲师：祝文欣。
2. 延伸阅读：

麦克高尔的需要分类法

麦克高尔（McGuire）的需要动机学说能够克服马斯洛学说中的一些不足，并且与市场营销活动能够更为直接地结合起来。他把人的需要与动机分为12类，其基本含义如下：

（1）和谐的需要。这是人最基本的需要之一，人们希望自己的各个方面或各个细节之间保持和谐一致，比如人的态度、行为、观点、自我形象、对他人的看法等之间，需要相互和谐一致。

（2）归因的需要。人们总是需要知道是什么原因、什么人导致了面前这些事物的发生。这就是归因的需要。有一种学派叫“归因理论”，专门研究人们如何解释事物发生的原因。在市场营销中，厂商或销售人员向消费者传播各种信息，按照归因理论，消费者并不会将消费商品得到的利益全部归到商品身上，还可能归因于其他原因。

（3）归类的需要。人们趋向于按照一定的方式将事物归类，这种归类的需要可以大大降低认知信息的付出。比如人们会以 10 000 元作为归类标准，分出“万元以上”商品或“万元以下”商品，9 000 多元、8 999 元等都归为万元以下，10 008 元、16 009 元等都归为万元以上，这种心理需要常常被用于心理定价策略。

(4) 线索的需要。人们会根据一些线索或符号来推论自己的感觉与知识。着装是人们建立自我形象的线索，消费者个人有这种需要，一些企业也以服装形象来代表企业的风格。

(5) 独立的需要。因为自我价值体系的存在，派生出对独立的需要或自我控制的需要。营销者经常利用这种需要设计营销标语，比如“just do it”(NIKE 广告语)。

(6) 好奇的需要。人们经常因为好奇的需要而寻找生活中的变化，这是消费者更换消费品牌或冲动性购买的原因。在一种稳定的生活环境中生活时间太长，人们会觉得一定程度的乏味，好奇的需要会促使人们寻求生活中的变化并获得新的满意。比如旅游市场，营销者根据这种需要将市场细分为“探险型”与“轻松型”两类。

(7) 自我表达的需要。向他人表达自我的需要，人们都需要让他人知道自己的情况、会做出什么行为等。在服装、小汽车等产品的购买中，产品本身具有符号特征，能代表购买者的身份或个性。

(8) 自我防卫的需要。人们有保护、防卫自我或自我形象的需要，当外部因素影响、威胁自我及自我形象的时候，人们会采取相应的行为或态度。在消费方面，人们通过购买著名品牌以防止自己的角色被他人误解。

(9) 自我标榜的需要。通过自己的行为获得他人尊重也是一种需要。这种人在商品购买，一旦购买了不满意的产品，更倾向于向他人抱怨以维持自我。

(10) 自我强化的需要。曾经做出的行为获得了奖赏或回报，这些奖赏或回报会强化人们的行为，这是自我强化的需要。家具厂商经常以这种方式激发消费者的需要，比如“走入房间，你立刻就会陶醉在朋友们的兴奋与赞许之中”，通过朋友们的赞美来强化购买家具这种消费行为的价值。

(11) 归属的需要。人们需要友好、互助的人际关系，能够被他人接受，也能分享他人的情感。实际上消费群体的分类方法也参考了这种心理上的需要，有些消费者对品牌的选择，其原因在于与该群体保持品牌消费的一致性以维持这种归属感。

(12) 模仿的需要。模仿他人的行为是消费者的一种需要，儿童正是依靠这种需要，从榜样那里学习消费方式而成长为真正的消费者。

麦克高尔的需要分类与市场细分中的概念结合紧密，应用起来具有较大的实际意义。比如市场细分中，我们把消费群体分为“领导型消费者”、“追随型消费者”和“保守型消费者”，其依据是消费者对于榜样具有不同层次的需要。按照自我表达的需要，我们把消费群体分为“极力表达型”、“中度表达型”和“隐蔽型”等。

训练与思考

训练思考一：

1. 利用业余时间组织学生以小组为单位到当地有代表性的商场或专卖店，任意选择2~3个购物区，观察消费者购买活动，并与营业员进行交流，进一步了解消费者不同的购物动机。

2. 考察结束后，以小组为单位，谈谈考察的体会。

训练思考二：

案例分析讨论——小商品也能赚大钱

尼西奇公司在过去是一个生产雨衣、游泳帽、防雨蓬等橡胶制品小商品的综合性企业。当时由于经济不稳，订货不足，曾面临濒于倒闭的危险。作为尼西奇公司董事长的多川博，清楚地认识到如果不生产一种需要量大的商品，公司就站不住脚。他从日本政府的人口普查资料获悉，日本每年大约出生250万人，这个数字给了他一个不小的启示：如果每个婴儿每年只用两块尿布，那么就需要500万条，除此以外，潜在市场需要也很大。他从这一数字中找到了做生意的思路，决定企业转产，专门生产经营尿布。而生产尿垫，在当时，是大企业不屑干，小企业不愿干的买卖。商品不在大小，只要市场有需要，小商品同样能成为大宗货，做成大生意。正是基于这样的考虑，尼西奇公司做出了专门生产尿垫的经营决策，并集中力量创名牌商品。经过几十年的努力，终于使尼西奇公司尿垫在日本与丰田汽车、东芝彩电、夏普音响一样有名。

目前，日本婴儿所使用的尿垫，每三条中有两条是他们生产的。不仅如此，尼西奇公司生产的尿垫还远销西欧、非洲、美洲70多个国家和地区。近几年来，销售额每年持续递增20%，年销售额高达70亿美元，从而成为世界上最大的尿布生产厂商。公司也连年被日本政府命名为“出口有功企业”，并被誉为“尿布大王”。

尼西奇公司给予我们的启示在于：它从日本政府发布的人口普查资料中找到了做生意的思路，这是难能可贵的事情。联系到我们一些公司的经理、企业的厂长，敏感性不强，有些生意赚头很大，却视而不见，甚至有些麻木不仁。俗话说：“处处留心皆学问”，此话印证了尼西奇公司成功的经营之道。

讨论：

1. 尼西奇公司的成功说明了什么？小商品如何能赚大钱？

2. 你作为销售人员，如何分析本案例中的消费者行为？

项目五

5 细分影响消费者购买行为的诸多因素

案例导入

麦当劳经营陷入低谷

2002年10月，麦当劳股价跌至7年以来的最低点。22日，麦当劳公司宣布其第三季度的经营收入再度大幅下滑11%，这是麦当劳连续8个季度里第7次出现收入负增长。

两年来，麦当劳的业绩一直不理想，很多投资者已经通过抛售股票来表示他们的不满。2002年11月8日，麦当劳总部宣布，公司将从3个国家完全撤出，并关闭其他10个国家的175家连锁店。

近几年，快餐业的经营境况正在日益恶化。在美国，快餐市场的竞争已经到了白热化的地步，市场容量有限，但经营者的分店却越开越多。众所周知，在这个国家聚集着世界上最优秀的经营管理专家、广告人、销售人才以及最为挑剔的消费者。每个快餐公司都通过不断的商品创新和销售创新来吸引消费者。麦当劳的老对手汉堡王快餐店一直在大力推动管理上的变革，温迪快餐店则推出了新的沙拉生产线，而在地铁经营的麦克沃尔斯连锁店的数目已经超过了麦当劳。更可怕的是，地铁快餐店和其他一些三明治快餐店的数量以每年12%的速度递增，许多非快餐馆也开始提供快餐服务。在这种情况下，想要保持住现有的份额都是不容易的事。

在欧洲，“疯牛病”已经成为当地市场的梦魇，而与牛肉关系密切的麦当劳当然受到了重创。与此同时，麦当劳在亚洲、中东以及太平洋地区的市场销售也出现了不同程度的下滑。市场境况不佳，使得麦当劳总部连续两年业绩下滑，而更糟糕的是，它又遇到“9·11”以来的全球经济放缓，以及“安然事件”后美国股市的低迷。这种雪上加霜的态势，让投资者对公司下半年的业绩不敢抱有太多的信心。

复杂问题层出不穷

除了受经济和市场因素方面的影响外，麦当劳还面临着更为复杂的问题。之所以复杂，是因为它们涉及到社会道德、法律、宗教、民族文化、生态环境、人权以及国际政治等等。值得注意的是，这些问题远远不是经营管理方法能够解决的。

一、消费者健康问题

2002 年 10 月，一条新闻让世人惊讶：法国麦当劳在一个杂志广告中称：“孩子们在麦当劳就餐一星期最好不要超过一次。”也就是说，它在提醒消费者要少买自己的商品！消息一出，麦当劳美国总部震怒，发言人立即说明公司并不赞同这一主张。然而，法国麦当劳的说法却得到营养学家和律师的支持。

实际上，在此之前，已发生过多起肥胖症患者状告麦当劳的事件了。分析人士称，律师有可能把这种案件发展成集体诉讼，从而为更多的因吃麦当劳而导致健康问题的青少年们争得利益。对于麦当劳而言，这显然不是好消息。

虽然麦当劳总部对各种指责不以为然，但是它的一项新政策却显示健康问题已经引起麦当劳的注意了。9 月，麦当劳公司宣布今后将改用新的食用油炸薯条，使其中容易造成动脉血管堵塞的反式脂肪酸下降约 50%。这虽是一件好事，但也贻人口实。一位控方律师说，麦当劳更换食用油的理由是其中含有危害健康的反式脂肪酸，那么，以前为什么不把这个信息让消费者知道呢？还有多少这样的信息他们没有披露呢？

二、民族与宗教问题

麦当劳是全球最大的跨国快餐连锁企业，它在全球拥有 30 000 多家连锁店，分布在六大洲 121 个国家，因此，在收获各地区的利润时，麦当劳也承担着很多风险，比如不同地区、不同民族在文化上的对抗。

2001 年 5 月，约 500 名示威者分别在印度首都新德里、最大的商业城市孟买的几家麦当劳餐厅前举行抗议活动。示威者包围了麦当劳设在新德里的总部，他们要求总理下令关闭印度国内所有的麦当劳连锁店。这件事的起因是麦当劳制作炸薯条的食用油中含有牛肉调味成分，而大多数印度教徒都把牛看成圣物。一个月后，美国麦当劳公司宣布将向印度教徒、素食主义者和其他一些相关组织赔偿 1 000 万美元。这次事件不仅造成麦当劳经济上的损失，更严重影响了公司的声誉。

麦当劳代表着美国文化，这已被世人公认，因此，在一些人的眼中，麦当劳连锁店就具有了美国国旗的象征意义。这在穆斯林国家显得尤为突出。由于巴以冲突一直得不到解决，美国在中东地区又实行强硬政策，大多数穆斯林有着强烈的反美情绪，而在美国计划再次攻打伊拉克期间，这种情绪更是达到高潮，他们掀起了强大的抵制美国货的活动，麦当劳则成为抵制的主要对象之一。

三、“反快餐”，“反麦当劳”

随着经济水平的提高，人们发现，人性关怀、生态环境以及各地区的传统文化等这些曾被人类所忽视的东西，如今对我们越来越重要。尤其是在发达国家，一些有识之士开始反思大工业时代所遗留下来的生产方式和生活方式。以麦当劳为代表的快餐文化，当然成为反思的对象之一。

《大西洋月刊》的著名财经记者艾里克·施洛瑟经过深入调查，写成《快餐国家：发迹史、黑幕和暴富之路》一书，书中指出了快餐业所带来的一系列问题，如：导致社会同一化、加速了对自然景观的破坏、扩大了贫富差别、刺激了肥胖症的流行等。该书一经出版即在欧美引起巨大震动，连登美国《纽约时报》的“最畅销书”榜。该书的出版以及引起的相关讨论和思潮，显然给麦当劳带来不可估量的损失。

与施洛瑟不同，另一些人则通过行动开始反对麦当劳及其所代表的文化。“快节奏生活正以生产效率的名义扭曲我们的生命和环境。我们要从‘慢慢吃’开始，反抗快节奏的生活。”这是国际慢餐运动组织发表的《慢餐宣言》中的一句话。

此外，由于麦当劳身上具有美国、快餐、工业化、全球化、资本主义等多种符号，导致它成为不同组织斗争的共同对象，比如慢餐运动、素食主义、保护动物组织、反全球化组织以及环保人士等。

麦当劳的问题，是许多跨国公司共同的问题，当然，也即将成为中国企业面临的问题。对于立志跨出国门的中国企业而言，除了雄心壮志、管理方法、市场韬略以外，更需要有一种人性化的思维和态度，以此去对待自己的员工、消费者以及社会公众。

问题引出：哪些因素影响了消费者对于麦当劳产品的购买？

任务一
细分影响消费者购买行为的社会文化因素

学习情景

在消费者购物的过程中，消费者的消费心理和消费习惯，一直受到民族特征、价值观念、生活方式、风俗习惯、宗教信仰、相关群体等社会文化的影响。作为销售人员，应当能够从消费者进入销售环境开始，通过消费者的外在行为及外表等因素迅速地对其生活背景、社会习俗等做出准确有效的判断，才能高效地完成销售工作。

学习目的

了解社会文化对消费者的购买行为有哪些影响，树立起以分析消费者的生活背景和社会文化习俗为要求的销售意识。

基础知识与技能

了解作为消费者这一社会角色其购买行为受到哪些社会文化因素的影响。训练销售人员具有识别消费者的生活方式、风俗习惯的能力、针对不同社会文化环境下的消费者运用不同销售方式的技能；具体包括：能够迅速根据消费者特点，分析其所处的地域及消费习惯，能够针对不同类型的消费者采取有针对性的销售策略。

社会文化主要指一个国家、地区的民族特征、价值观念、生活方式、风俗习惯、宗教信仰、伦理道德、教育水平、语言文字等的总和。社会文化对企业营销的影响是多层次、全方位、渗透性的。主体文化是占据支配地位的，起凝聚整个国家和民族的作用，是由千百年的历史所形成的文化，包括价值观、人生观等；次级文化是在主体文化支配下所形成的文化分支，包括种族、地域、宗教等。文化对市场营销的影响是多方面的，对所有营销的参与者都有着重大影响。它不仅影响企业营销组合，而且影响消费心理、消费习惯等，这些影响多半是通过间接的、潜移默化的方式来进行的。

一、各国文化及亚文化差异的影响

不同国家的人们各有不同的态度或看法、风俗习惯，企业的最高管理层做国际市场营销决策、和外商洽谈生意时必须了解和考虑各国的文化差异。由于东方人和西方人的态度或看法、风俗习惯有很大差异，因此，东方国家企业和西方国家企业的促销方法有所不同。日本的文化是把和谐放在首位，所以日本企业的广告宣传往往突出人们对商品的共性，而常常忽视个性；相反，西方人喜欢看到的恰恰是人们的个性特点，所以西方广告公司往往充分利用这一特点。亚洲国家的商品包装往往只标明商品的名称和价格；美国企业的做法却不一样。食品制造商往往利用包装使其商品在超级市场拥挤的货架上显得很突出，他们设计包装是为了推销商品，起到向广大消费者呼喊“看看我，挑选我，购买我”的效果。企业和最高管理层在国际市场营销工作中做商品促销决策时如果不了解、不考虑东西方的文化差异，就不能实现潜在交换，取得成功。市场营销人员与外商洽谈生意时也必须熟悉对方的风俗和商业习惯。

二、宗教信仰的影响

宗教信仰是人们洞察文化行为或精神行为的文化层。世界上主要有佛教、基督教、伊斯兰教、回教（伊斯特教）、印度教等，其中前三种人数最多。宗教信仰对社会体系和市场营销有很大的影响，因为宗教影响着人们的风俗、人生观、购买习惯、购买方式，甚至读什么报纸都受其影响。

三、价值观念的影响

价值观念是指人们对财富的看法、追求利益的性质和购买行为的决策。价值观念的形成与消费者所处的社会地位、心理状态、时间概念以及对变革的态度、对生活的态度等等有关。比如我国人民随着生活水平的提高，对时间的价值观念正在改变，速溶咖啡、半制成式食品等越来越受欢迎。不同的国家和民族，其价值观念往往有很大的差别。我国人民普遍有节俭的美德，所以反映在商品寿命曲线上，成熟期特别长，也喜欢把钱或珍贵的东西存起来。而西方国家的人，比较注重现实生活的舒适，“及时行乐”的思想占主导地位。美国人喜欢猎奇，凡有新意的东西，都想试一试，他们认为，使用新商品似乎能得到一种与众不同的精神上的享受。在德国，古老商品却显得更加珍贵。现在，国外许多畅销的商品，都不是经久耐用型的，如日本小轿车的设计目标，就是“功能多、设备全、款式新、性能好、利用率高、返修率低、价格合理、使用寿命短”。超过了设计寿命的商品，虽然还没有完全失去使用价值，但各部分机件几乎同步老化，与其维修，不如更新。这样做，有利于刺激消费、加速商品更新换代。同时，也适合发达国家的价值观念。所以即使是号称汽车王国的美国，日本汽车照样能畅销不衰。

四、审美观念的影响

人们在市场上挑选、购买商品的过程，实际上也就是一次审美活动。这一审美活动的全过程完全由消费者的审美观念来支配。消费者个人的审美活动，表面上看起来纯属个人的行为，但实质上它却反映了一个时代、一个社会人们共同的审美观念和审美趋势。在消费活动中，人们审美观念的变化主要有：

1. 追求健康美。体育用品和运动服装的需求量呈直线上升的趋势，中老年迪斯科健身舞、广场舞在我国一些大中城市开始流行。各种滋补药品相继问世，品种齐全的护发、护肤化妆用品趋于系列化、高档化。

2. 追求外在美。服装市场异军突起，不仅美化了人们的生活，更重要的是迎合了消费者的求美心愿。在服装样式上，青年人一扫过去那种多层次、多线条、重叠反复的造型艺术，追求强烈的时代感和不断更新的美感，由对称转为不对称，由求同变为求异，由灰暗色调变为鲜艳、明快、富有青春活力的色调。随着美容化妆品和健美服装的流行，妇女们更注意形体皮肤和发式的美化。

3. 追求环境美。消费者对环境的美感体验，在购买活动中表现得最为明显。新型商业街、现代化的橱窗设计，富于协调美的店面摆放及优质的服务态度等，都给消费者以环境美的享受，诱发消费者的潜在需求，促成其购买行为。企业的市场营销人员应把消费者对商品的评价作为重要的反馈信息，使商品的艺术功能与经营场所的美化效果融为一体，更好地满足消费者的审美要求。

五、消费习俗的影响

所谓习俗就是指风俗习惯。一般来说，风俗是指世代相袭固化而成的一种风尚。习惯是指由于重复或练习而巩固下来的、并变成需要的行动方式。消费习俗是人们各类习俗中的重要习俗之一，是人们历代传承下来的一种消费方式，也可以说是人们在长期经济活动与社会活动中所形成的一种消费风俗习惯。由于消费习俗是人们长期形成的，因此它具有相对的稳定性。不同的消费习俗，具有不同的商品需要。

1. 消费习俗的类型。

（1）喜庆类消费习俗。喜庆类消费习俗是社会文化消费习俗中最主要的一种形式，是人们为了表达各种美好感情，寄托美好愿望而产生的具有特定意义的消费活动习惯。例如我国的春节；祈愿合家团圆的中秋节；西方的圣诞节、情人节、狂欢节等。

（2）纪念类消费习俗。纪念类消费习俗是为了纪念某个事件或某个人而形成的消费习俗。这类习俗往往与各种重要的历史人物有关，具有较强的民族性。例如，我国人民为纪念诗人屈原而形成的在端午节吃粽子、赛龙舟的习俗，西方人为纪念耶酥诞辰而形成的圣诞节。

（3）宗教类消费习俗。这类消费习俗是由于某种宗教信仰演化而成的，大多与宗教教义、教规、教法有着密切的关系，因此宗教色彩浓厚、约束力很强。例如伊斯兰教的开斋节、宰牲节；基督教的复活节；犹太教的成年礼等都属于传统的宗教节日。这些节日也都有特定的消费活动和习惯做法。

（4）文化类消费习俗。这类习俗是社会文化发展到一定水平而形成的，具有深刻的文化内涵。能够流传至今的文化消费习俗一般与现代文化具有较强的相容性。在我国较有影响的文化消费习俗主要是各种地方戏演出以及各具特色的文化活动，如以山东潍坊为代表的北方地区的放风筝习俗、南北地区风格各异的舞龙、舞狮活动等。

（5）饮食消费习俗。在我国，存在着北方人以面食为主，南方人以大米为主的饮食习惯；沿海居民喜欢鲜活食品，内地居民喜欢冷冻食品。这些饮食习惯基本上是受供应条件限制而形成的，但近年来随着经济发展、科技进步以及运输业的发达，这种地域限制造成的习俗差异越来越小。

2. 消费习俗对消费者心理的影响。

（1）消费习俗可以给消费者心理带来某种稳定性。消费习俗是长期形成的，对社会生活的影响很大，据此而派生出的一些消费心理也具有某种稳定性。消费者在购买商品时往往会形成习惯性购买心理。比如临近端午节，人们就会购买粽子，临近中秋节就会购买月饼等。

（2）消费习俗强化了一些消费者的心理行为。由于消费习俗带有地方性，会使消费者产生地方消费习惯的偏好，并会相应产生一种自豪感。这种感觉强化了一些消费者的心理活动。但同时，企业只有在这种一致性中发现差异，才能在竞争中生存。

（3）消费习俗使消费心理的变化减慢。在日常生活和社会交往中，原有的一些消费习俗符合时代潮流，而有些则比较落后。在后一种情况下，由于消费习俗的惯性作用对消费者心理的影响，会减弱消费者对新产品和新事物的接受程度。

六、相关群体的影响

消费者在做出决策时，往往受其他人的观点、态度和行为的影响。这就是相关群体的影响。相关群体，也称参照群体或标准群体，是指对消费者的思想、态度、信念形成具有一定影响的社会关系，包括家庭、邻居、学校、机关、工厂、部队及其他与其经常联系的群体。

相关群体对消费心理的影响包括：

1. 相关群体为消费者提供可供选择的消费行为模式。社会生活是丰富多彩，变化多样的。处于不同群体中的人们的行为活动会有很大差别。例如，教师在工作时，要求仪表整洁、着装大方，不能打扮得过于时髦、艳丽；而电影演员在表演时要适应剧中角色的要求，更换各种流行服装与发式，这些不同的消费行为通过各种形式传播给消费者，为其提供模仿的榜样。特别是对于缺乏消费经验与购买能力的人，他们经常不能确定哪种商品对他们更合适。在这种情况下，消费者对相关群体的依赖性，超过了对商业环境的依赖性。

2. 消费者对相关群体进行模仿，并影响到自身对商品购买与消费的态度。模仿是一种最普遍的社会心理现象，从而体现出个人受非控制的社会影响而引起的行为。但模仿要有对象，即我们通常所说的榜样，模仿的榜样越具有代表性、权威性，就越能激起人们的模仿欲望，模仿的行为也越具有普遍性。而在消费者的购买活动中，消费者对商品好坏的评价往往是相对的，当没有具体的模仿模式时，不能充分肯定自己对商品的态度。但当某些相关群体为其提供具体的模式，而消费者又非常欣赏时，就会激起其强烈的仿效欲望，从而形成对商品的肯定态度。

3. 相关群体促使人们的行为趋向于“一致化”。消费者对商品的认识、评价往往会受到群体中其他人的影响。这是因为相关群体会形成一种团体压力，使团体内的个人自觉不自觉地符合团体规范。例如，当消费者在选购某种商品，但又不能确定自己选购这种商品是否合适时，群体内其他成员对此持肯定的态度，就会促使他坚定自己的购买行为。如果群体内其他成员持否定态度，就会使他改变自己的行为。

任务二
细分影响消费者购买行为的商品因素

学习情景

在消费者购物的过程中，不同商品的商品组合、品牌、生命周期、价格、外观、销售策略等都会对消费者的购物行为和决策产生影响。作为销售人员，在销售之前就应当对自己所销售的商品进行全方位深入的认识和研究，才能应对各种类型的消费者，高效地完成销售工作。

学习目的

通过完成本任务，了解商品自身有哪些因素会影响到消费者的购买行为，树立起深入了解和分析所销售商品的意识。

基础知识与技能

了解作为消费者面对不同商品会有怎样的购买行为。训练销售人员深入了解所销售商品的分析技能、研究技能、综合运用技能、引领消费者购物技能；具体包括：能够准确分析自身销售商品的特点会对消费者的购物行为产生哪些影响，能够根据消费者的购物行为和决策采取合适的销售策略。

商品是市场营销组合中最重要的因素。企业在制定营销组合时，首先需要回答的问题是发展什么样的商品来满足目标市场需求。通过商品整体概念、产品组合决策、商品生命周期和商品品牌化，可以分析商品对营销组合的影响。

一、商品整体概念的影响

商品整体概念的5个层次的研究与表述能够深刻而准确地表述其含义。这5个基本层次用图5-1表示。

1. 核心商品。它是指向消费者提供的商品的基本效用或利益。从根本上说，每一种商品实质上都是为解决问题而提供的服务。因此，企业营销人员向消费者销售的任何商品，都必须具有反映消费者核心需求的基本效用或利益。

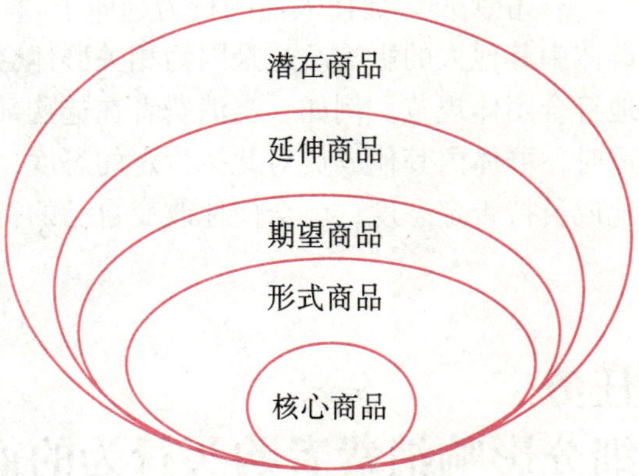

图5-1 整体商品概念的5个层次

2. 形式商品。它是指核心商品借以实现的形式或目标市场对某一需求的特定满足形式。形式商品由5个特征所构成，即品质、式样、特征、品牌及包装。即使是纯粹的劳务商品，也具有相类似的形式上的特点。商品的基本效用必须通过特定形式才能实现，市场营销人员应努力寻求更加完善的外在形式以满足消费者的需要。

3. 期望商品。它是指购买者在购买该商品时期望得到的与商品密切相关的一整套属性和条件。

4. 延伸商品。它是指消费者购买形式商品和期望商品时，附带获得的各种利益的总和，包括商品说明书、保证、安装、维修、送货、技术培训等。许多情况表明，新的竞争并非各公司在其工厂中所生产的商品，而是附加在商品上的包装、服务、广告、消费者咨询、资金融通、运送、仓储及其他具有价值的形式。能够正确发展延伸商品的企业必将在竞争中赢得主动。

5. 潜在商品。它是指现有商品包括所有附加商品在内的、可能发展成为未来最终商品的潜在状态的商品。

商品整体概念充分体现了以消费者需求为中心的指导思想。商品整体概念扩大了企业的视野，开拓了经营者的营销思路，从而使企业对商品的研制开发与生产销售更加趋于合理。也就是说，商品整体概念要求从商品的各个方面去考虑和满足消费者需要，这正是以营销思想作指导的具体体现。

二、商品组合决策的影响

商品组合，是指一个企业提供给市场的全部商品线和商品项目的组合或结构，即企业的业务经营范围。商品线是指商品组合中的某一商品大类，是一组密切相关的商品。**商品项目**是指商品线中不同品种、规格、质量和价格的特定商品。企业的商品组合有一定的宽度、长度、深度和关联性。**商品组合的宽度**，是指商品组合中所拥有的商品线的数目。**商品组合的长度**，是指商品组合中所包含的商品项目的总数。**商品组合的深度**，是指一条商品线中所含商品项目的多少。**商品组合的关联性**，是指各条商品线在最终用途、生产条件、分销渠道或其他方面相互关联的程度。

商品组合决策对营销的影响，主要表现在以下几个方面：

1. 扩大商品组合的影响。扩大商品组合包括开拓商品组合的宽度和加强商品组合的深度，前者指在原商品组合中增加商品线，扩大经营范围；后者指在原有商品线内增加新的产品项目。当企业预测现有商品线的销售额和利润额在未来一段时间内有可能下降时，就应考虑在现行商品组合中增加新的商品线，或加强其中有发展潜力的商品线；当企业打算增加商品特色，或为更多的细分市场提供商品时，则可选择在原有商品线内增加新的商品项目。一般而言，扩大商品组合，可使企业充分地利用人、财、物资源，分散风险，增强竞争能力。

2. 缩减商品组合的影响。当市场繁荣时，较长、较宽的商品组合会为许多企业带来较多的赢利机会，但当市场不景气或原料、能源供应紧张时，缩减商品组合反而可能使总利润上升。这是因为从商品组合中剔除了那些获利很小甚至不获利的商品线或产品项目，使企业可集中力量发展获利多的商品线和商品项目。通常情况下，企业的商品线有不断延长的趋势。

3. 商品线延伸的影响。每一企业的商品都有其特定的市场定位，比如“奥迪”牌汽车定位在高档车市场，“桑塔纳”牌定位在中档汽车市场，而“羚羊”牌则定位于低档车市场。商品线延伸决策是指全部或部分地改变原有商品的市场定位，具体有向下延伸、向上延伸和双向延伸三种实现方式：

（1）向下延伸，在高档商品线中增加低档商品项目。实行这一决策需要具备以下市场条件：利用高档名牌商品的声誉，吸引购买力水平较低的消费者慕名购买此商品线中的廉价商品；高档商品销售增长缓慢，企业的资源设备没有得到充分利用，为赢得更多的消费者，将商品线向下伸展；企业最初进入高档产品市场的目的是建立厂牌信誉，然后再进入中、低档市场，以扩大市场占有率和销售增长率；补充企业的商品线空白。实行这一决策也有一定的风险，比如，有可能影响或损害企业的原有形象；有可能因中间商不配合，需要企业重新设置销售系统，扩大营销费用。

（2）向上延伸，在原有的商品线内增加高档商品项目。实行这一决策的主要目的是：高档商品市场具有较大的潜在成长率和较高的利润率；企业的技术设备和营销能力已具备加入高档商品市场的条件；企业要重新进行商品线定位。采用这一决策也要承担一定的风险，比如，企业可能因在高档商品市场上名气不大而缺乏竞争力；销售人员和经销商可能缺乏高档商品推销技术；可能迫使竞争者介入低档商品市场的竞争。

（3）双向延伸，即原定位于中档商品市场的企业掌握了市场优势以后，向商品线的上下两个方向延伸，这一决策的优缺点介于前两者之间。

三、商品生命周期的影响

商品生命周期是指某商品从进入市场到被淘汰退出市场的全部运动过程。它一般分为四个阶段（见图5－2）：商品引入阶段、市场成长阶段、市场成熟阶段和市场衰退阶段。商品引入阶段（也称“介绍期”）是指在市场上推出新商品，商品销售呈缓慢增长状态的阶段。成长阶段是指该商品在市场上迅速为消费者所接受、销售额迅速上升的阶段。成熟阶段是指大多数购买者已经接受该项产品，市场销售额缓慢增长或下降的阶段。衰退阶段是指销售额急剧下降、利润渐趋于零的阶段。

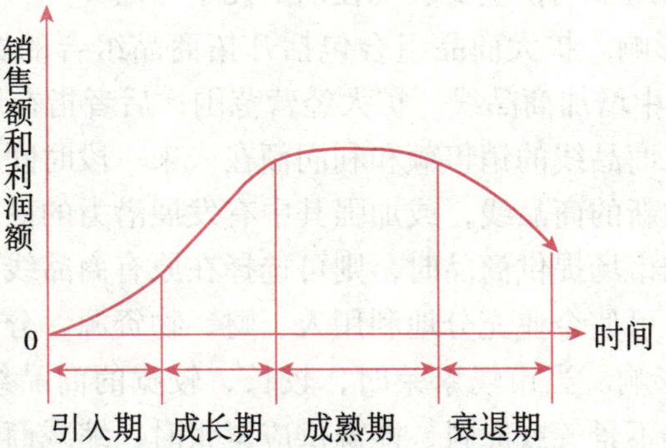

图5－2 商品生命周期图

1. 商品引入阶段的影响主要表现在以下几方面：①消费者对该商品不了解，大部分消费者不愿放弃或改变自己以往的消费行为，销售量小，相应地增加了单位商品成本；②尚未建立理想的营销渠道和高效率的分配模式；③价格决策难以确立，高价可能限制了购买，低价可能难以收回成本；④广告费用和其他营销费用开支较大；⑤商品技术、性能还不够完善；⑥利润较少，甚至出现经营亏损，企业承担的市场风险最大。

2. 商品成长阶段的影响主要表现在以下几方面：①消费者对新商品已经熟悉，销售量增长很快；②大批竞争者加入，市场竞争加剧；③商品已定型，技术工艺比较成熟；④建立了比较理想的营销渠道；⑤市场价格趋于下降；⑥为了适应竞争和市场扩张的需要，企业的促销费用水平基本稳定或略有提高，但占销售额的比率下降；⑦由于促销费用分摊到更多销量上，单位生产成本迅速下降，企业利润迅速上升。

3. 商品成熟阶段的影响主要表现在以下几方面：①成长成熟期。时期各销售渠道基本呈饱和状态，增长率缓慢上升，还有少数后续的购买者继续进入市场。②稳定成熟期。由于市场饱和，消费平稳，商品销售稳定。销售增长率一般只与购买者人数成比例，如无新购买者则增长率停滞或下降。③衰退成熟期。销售水平显著下降，原有用户的兴趣已开始转向其他商品和替代品。全行业商品出现过剩，竞争加剧，一些缺乏竞争能力的企业将渐渐被取代，新加入的竞争者较少。竞争者之间各有自己特定的目标消费者，市场份额变动不大，突破比较困难。

4. 商品衰退阶段的影响主要表现在以下几方面：①商品销售量由缓慢下降变为迅速下降，消费者的兴趣已完全转移；②价格已下降到最低水平；③多数企业无利可图，被迫退出市场；④留在市场上的企业逐渐减少商品附带服务，削减促销预算等，以维持最低水平的经营。

四、商品品牌化的影响

企业为其商品规定品牌名称、品牌标志，并向政府有关主管部门注册登记的一切业务活动，叫作品牌化。对在市场营销活动的企业和消费者来说，品牌化的影响主要表现在以下几方面：

1. 品牌化有助于促进商品销售，树立企业形象。品牌以其简洁、明快、易读易记的特征而使其成为消费者记忆商品质量、商品特征的标志，也正因为如此，品牌成为企业促销的重要基础。借助品牌，消费者了解了品牌标定下的商品；借助品牌，消费者记住了品牌及商品，也记住了企业；借助品牌，即使产品不断更新换代，消费者也会在其对品牌信任的驱使下产生新的购买欲望，在信任品牌的同时，企业的社会形象、市场信誉得以确立，并随品牌忠诚度的提高而提高。

2. 品牌化有利于约束企业的不良行为。品牌是一把双刃剑，一方面因其容易为消费者所认知、记忆而有利于促进商品销售；另一方面，品牌也对品牌使用者的市场行为起到约束作用，督促企业着眼于企业长远利益、消费者利益和社会利益，规范自己的营销行为。

3. 品牌化有助于扩大商品组合。为适应市场竞争的需要，企业常常需要同时生产多种商品。值得注意的是，这种商品组合是动态的概念。依据市场变化，不断地开发新商品、淘汰市场不能继续接受的老商品是企业商品策略的重要组成部分，而品牌是支持其新的商品组合的无形力量。若无品牌，再好的产品和服务，也会因消费者经常无从记起原有商品或服务的好印象而无助于商品改变或商品扩张。而有了品牌，消费者对某一品牌产生了偏爱，则该品牌标定下的商品组合的扩大即容易为消费者所接受。

4. 品牌化便于消费者辨认、识别所需商品，有助于消费者选购商品。随着科学技术的发展，商品的科技含量日益提高，对消费者来说，同种类商品间的差别越来越难以辨别。由于不同的品牌代表着不同的商品品质、不同的利益，所以，有了品牌，消费者即可借助品牌辨别、选择所需商品或服务。

5. 品牌化有利于维护消费者利益。有了品牌，企业以品牌作为促销基础，消费者认牌购物。企业为了维护自己品牌的形象和信誉，都十分注意恪守给予消费者的利益，并注重同一品牌的商品质量水平同一化。如此，消费者可以在厂商维护自身品牌形象的同时获得稳定的购买利益。

6. 品牌化有利于促进商品改良，有益于消费者。由于品牌实质上代表着销售者（卖者）对交付给买者的商品特征和利益的承诺，所以，企业为了适应消费者需求变化，适应市场竞争的客观要求，必然会不断更新或创制新商品，以变更、增加承诺。这是企业的选择，也是消费者的期望。可见，迫于市场的外部压力和企业积极主动迎接挑战的动力，品牌化最终会带给消费者更多的利益。

五、商品外观的影响

“马要金鞍，佛要金装”，这句话形象地道出了产品外观在人们眼中的形象与价值。随着人们生活水平的不断提高和审美情趣的增加，人们不仅要求实现产品外观的基本功能，还要求在实用化、便利化的基础上，实现产品外观的艺术化、风格化及个性化。

古时候，楚国有位珠宝商人要到郑国去做买卖，他将宝石置于一个精心雕刻、玲珑剔透的木盒中，木盒用香料熏染，发出阵阵幽香，木盒外表还镶嵌翡翠，闪着莹莹光亮。他这样作不仅是为了便于收藏和携带，也是为了提高宝石身价，赚笔大钱。郑国有个富人看到这个华丽的珠宝盒爱不释手，不惜花重金买下。当他发现盒内还有一块不太引人注目的“小石头”——那块价格昂贵的宝石，便拿出来交还给珠宝商，只留下了装宝石的盒子。“买椟还珠”的故事，从一个侧面说明古代楚国人已意识到外观和包装对消费者选购产品的巨大心理影响，也留给我们生动的启示，提醒我们产品外观包装的重要性。因为产品的外观，包括包装装饰、颜色、名称、商标等首先会闯入消费者的视线，能否引起消费者的注意和好感，是购买的前提因素。

产品外观对消费者心理的影响，主要有如下几方面：

1. 帮助消费者识别产品。在种类繁多、琳琅满目的现代商品市场上，外观已成为产品差异化的基础之一。一个设计精良、具有独特个性、能反映产品品质或企业特点的产品外观，可以有效地帮助消费者辨认产品，增强记忆，便于对产品的比较选择。因此，产品外观被誉为“无声的推销员”。

2. 美化产品，加深消费者印象。产品外观的造型、图案、色彩以及整体的综合协调，能给消费者以美的享受，吸引消费者注意，引起兴趣，说服消费者购买。因而，外观包装设计应充分调动装饰艺术的表现手法，力求以美观大方的造型、生动别致的图案、鲜明宜人的色调，给人以健康向上的艺术美感。

3. 启发消费者联想。优美的产品外观不仅能从直观上区别产品的性质和用途，而且能使消费者产生丰富的想象和美好的联想。例如，一个设计成功的食品外观包装，能够引起消费者强烈的食欲。礼品和结婚用品用红色包装物装饰外观，会使人联想到吉祥、喜庆和热烈。一些高档产品用淡雅的色调、非同凡响。既提高了产品的价值，也提高了购买者的身价，使购买者得到一种特殊的满足感。

六、商品价格的影响

商品价格的高低，直接关系着买卖双方的切身利益，也直接影响着消费者对某些商品是否愿意购买，以及购买数量的多少。广大消费者对商品的市场销售价格主要有以下心理反应：

1. 对价格的敏感心理。这是指消费者对商品价格变动的反应程度。在市场购买活动中，我们常会看到这种现象，一位消费者，当他购买蔬菜时，每斤贵了几角钱乃至几分钱，往往忿忿不平；而当他购买高级家具时，所付出的价钱比一般家具多花几十元乃至几百元，却不以为然。这种现象的产生，就是由人们在心理上，对于不同种类商品的价格敏感性不同的缘故。因为人们在长期购买活动中，对于不同种类商品逐步形成了高低不同的价格标准。这种想象中的价格标准，影响着人们对不同种类商品价格的敏感性。例如，对家具价格变动的敏感性就低一些，而对蔬菜、肥皂、牙膏等日用消费品的价格变动敏感性就高一些，超出了价格标准的幅度范围，在心理上就会引起强烈的反应。由此看来，对日用消费品采取薄利多销的策略，保持商品价格相对稳定，是符合消费者的价格心理的。

2. 对价格的识别心理。消费者对商品价格高低的识别和判断，大都是在售货现场中，对同类的或不同类的各种商品的价格进行比较而得来的。其标准是相对的，而不是绝对的。因此，消费者的心理活动、对商品价格高低的识别和判断，就产生了重大影响。经常由于消费者的感觉和知觉出现错误，从而对商品价格高低的识别和判断也出现错误，这被称为“价格错觉”。

价格错觉大都是在知觉对象的客观条件有了一定变化下产生的，其中受背景刺激因素的影响较大。就是说，往往由于周围陪衬的各种商品价格不同，而引起消费者对某一商品价格高低的感受不同。例如，某一商品的单价为50元，分别摆在两个不同组合的柜台里。甲柜台上多数商品的价格低于50元，乙柜台上多数商品价格高于50元。本来同一价格的商品摆在不同的柜台中，其价格知觉应该是一样的，但由于受背景刺激因素的影响，在甲柜台它的价格就显得高；而在乙柜台它的价格就显得低。所以，一般情况下把它放在甲柜台中就会滞销，而摆在乙柜台就会畅销。但有时也会出现相反的情况，这都是由于价格错觉的缘故。

3. 对价格数字的喜好心理。由于民族文化和消费者心理素质等作用，不同地域、不同民族、不同国度的消费者，对商品价格中的数字使用有不同的情感体验和心理反应。例如我国的消费者中不少人认为“6”、“8”、“9”为吉祥数，其中“8”表示“发财”、“事业发达”；“6”表示事事顺利；“9”表示长长久久。很多人忌讳“4”，而喜爱“8”。所以，在定价时的头数和尾数使用时应考虑这种心理反应，尽量满足消费者的这种心理需求。

4. 对价格的倾向心理。商品一般都有高、中、低档之分，而不同类型的消费者出自不同的价格心理，对商品的档次、质量和商标的选择都会产生不同的倾向性。有些消费者倾向于选购高价格的商品，在价格心理上，总认为各类商品的质量不同，而质量又是与价格密切关联的，名牌商标更是质量高的具体标志。因此，在选购商品的过程中，便具有明显的倾向性，愿意购买高价、高质的名牌商品。相反，有些消费者倾向于选购低价格的商品，他们在价值心理上，则认为价格并不能完全表示质量，在每类商品中各个档次之间的差别也不会很大，商标的社会意义更不必多加考虑，只要能够买到经济实惠的商品，便感到满意。国内市场上，某些廉价品、削价品很有销路，就是这个缘故。

七、销售策略的影响

（一）广告策略的影响

广告宣传要想达到理想的心理效果，必须在广告的计划、设计和制作中充分重视对消费者心理活动规律和特点的研究，运用心理学原理，增强广告的表现力、吸引力、感染力和诱导力。

1. 引起消费者注意。引起消费者注意，即引起消费者对宣传的商品的注意。注意是消费者对广告作用反应的心理活动过程的第一个环节，若不能引起消费者的注意，以下几个环节就无从产生。

2. 启发消费者联想。联想是一种由当前感知的事物回忆起有关的另一件事物，或由想起的一件事物又想起另一件事物的神经联系。广告就是要通过对素材的广泛搜集、细致加工，利用事物之间的内在联系，以比拟的手法唤起消费者对所宣传的商品的联想，从而加深对商品的认识，激发对商品的兴趣，形成一定的态度和行动。

3. 增进消费者情感。一则广告若能增进消费者的积极的情感，就会促进消费者的购买；反之，若是广告促使消费者产生消极的情感，则会抑制消费者的购买行为。因此，成功的广告必须能够增进消费者积极的情感并抑制消费者的消极情感。

4. 增强消费者记忆。消费者对广告信息的记忆是认识、判断和评价商品或劳务的重要条件。如果一则广告不能给消费者留下记忆，就不能使消费者的心理活动成为统一的过程，广告的效果就不理想。因此，在广告设计中有意识地增强消费者的记忆是非常必要的。

（二）新产品策略的影响

由于性格、文化背景、受教育程度和社会地位等的不同，不同的消费者的心理活动常有较大的不一致，从而导致消费者对新产品接受的快慢程度不同。

1. 新产品不同购买时期消费者的心理特点。

（1）最先采用者的心理特点。任何新产品都是由少数勇敢的最先采用者事先使用的，这部分采用者在整个潜在采用者中所占的比例极小。这部分消费者的个性特征是：自信心强，极富冒险精神；一般经济条件较好，收入水平、社会地位和受教育程度较高，争强好胜的心理对其购买行为影响很大。这类消费者以年轻人居多，他们交际广泛且信息灵通，购物积极，主动性强。为了加速新产品的推广，企业营销人员应把促销手段和传播工具集中于这部分消费者身上，如果他们使用了新产品以后感觉效果良好，凭藉着他们的争强、夸耀、好动心理，就会大肆宣传甚至宣扬，以至于对后面的使用者造成巨大的影响。

（2）早期采用者的心理特点。早期采用者大都是对新事物敏感，愿意跟上社会消费潮流的人。这些人思想活跃，喜欢评论，且在群体中的威信较高，受到周围朋友的拥护和爱戴，为此他们更注意从广告中了解新产品信息，从而使自己成为舆论领袖。他们常有求新和追赶时髦的心理，对新产品的态度积极，再加上较好的经济条件，常在新产品的介绍期和成长期就开始采用新产品，并对后面的采用者造成很大的影响，对新产品推广起着决定性的作用。

（3）中期采用者的心理特点。中期采用者个性沉稳、谨慎、服从性强，做事往往喜欢深思熟虑、决断性弱，因而决策时间较长，往往受过一定的教育，有较好的工作环境和固定收入，并且这部分消费者的消费行为会直接影响到晚期采用者。

（4）晚期采用者的心理特点。晚期采用者个性多疑、遇事常取畏缩不前的态度，受教育程度和收入状况相对较差，社交活动较少、信息不灵，求实、仿效心理对其购买行为影响较大，从不主动接受或采用新产品，直到多数人采用且反映良好时才会行动。但由于这部分消费者所占比例较大，对他们的消费心理研究不可缺少，只能加强。

（5）落后采用者的心理特点。这部分采用者多为时代的落伍者，他们个性保守、传统习惯较重、思维方式固定化，其社会地位和收入水平也最低。他们只有在新产品已经广泛普及、已不新潮时，才予以接受。

2. 新产品推广的心理策略。

（1）瞄准最先和早期采用者，发挥积极的消费示范作用。最先和早期采用者，虽然所占比率较小，新产品推广仅靠这类群体难以形成销售高潮，但是，他们的消费示范作用对中晚期采用者有很大影响力。企业和销售人员要善于利用这种资源为自己服务，培养良好的消费示范者，一要注意在这个群体中优选影响力大、有一定威信的消费者进行重点培养；二要给予这类消费者更多的新产品知识，提高他们的满意度；三要加强与他们的沟通，既帮助他们解决异议，又帮助他们总结使用新产品的体会，增强兴趣形成口传信息，引导消费舆论，加速新产品推广。

（2）重视新产品潜在购买者，推动新产品进入销售高潮。新产品上市后，大多数购买者都是普及初期和后期才会采取购买行动，他们是新产品的晚期采用者。在新产品投入市场阶段他们处于潜在购买者的地位，是新产品推广的关键群体，企业和销售人员都要重视对潜在购买者的分析，包括购买次数分析、购买数量角度分析、购买者心理稳定程度分析、对新产品品牌态度分析。对潜在购买者的分析无论从何角度进行，企业和销售人员都必须做好建立消费者档案，加强市场调查研究，注重信息反馈等工作。

学习资源链接

1. 精品视频讲座推荐：《顾问式销售技术》，讲师：和锋。

2. 延伸阅读

美国文化的核心价值观及其对消费者行为的影响如表 5－1 所示。

表 5－1　　美国文化的核心价值观及其对消费者行为的影响

核心价值观	具体表现	对消费者行为的影响
个人奋斗	自我存在（例如自力更生、自尊）	激发接受“表现自我个性”的独特产品
讲求实效	赞许解决问题的举动（例如省时和努力）	激发购买功能好和省时的产品
物质享受	好生活	鼓励接受方便和显示豪华的产品
自由	选择自由	鼓励对有差异性的产品感兴趣
求新	产品要更新	鼓励标新立异
冒险精神	轻视平庸和懦弱，一鸣惊人	号召购买效果难以马上显示的新产品
个人主义	关心自我，自我尊敬，自我表现	激发接受“表现自我个性”的独特产品

训练与思考

训练思考一：

1. 把班级学生分成若干小组，以大学生活中某一生活必需品为对象，通过“头脑风暴法”予以创新设计，包括功能、结构、外观、品牌名称等。

2. 根据小组形成的新产品设计资料，从可行性、创新性及消费者心理接受度等几个方面进行综合讨论。

训练思考二：

案例分析：柯达如何走进日本？

柯达公司生产的彩色胶片在20世纪70年代初突然宣布降价，立刻吸引了众多的消费者，挤垮了其他国家的同行企业，柯达公司甚至垄断了彩色胶片市场的90%。而到了80年代中期，日本胶片市场被富士所垄断，富士胶片压倒了柯达胶片。对此，柯达公司进行了细心的研究，发现日本人对商品普遍存在重质而不重价的倾向，于是制定高价政策打响牌子，保护名誉，进而实施与富士竞争的策略。他们在日本发展了贸易合资企业，专门以高出富士1/2的价格推销柯达胶片。经过5年的努力和竞争，柯达终于被日本人接受，走进了日本市场，并成为与富士平起平坐的企业，销售额也直线上升。

分析：

1. 本案例中哪些因素影响了消费者的购买行为？

2. 你认为本案例中富士要想重新赢得消费者，该采取哪些措施？

项目六

6 剖析消费者市场细分的心理

案例导入

汇源果汁的果蔬汁饮料市场开发细分策略的得与失

20 世纪 90 年代初期，汇源公司就开始专注于各种果蔬汁饮料市场的开发。“汇源”果汁充分满足了人们当时对于营养健康的需求，凭借其 100% 纯果汁专业化的“大品牌”战略和令人眼花缭乱的“新产品”开发速度，在短短几年时间就跃升为中国饮料工业十强企业，成为果汁饮料市场当之无愧的引领者。其产品线也先后从鲜桃汁、鲜橙汁、猕猴桃汁、苹果汁扩展到野酸枣汁、野山楂汁、果肉型鲜桃汁、葡萄汁、木瓜汁、蓝莓汁、酸梅汤等，并推出了多种形式的包装。应该说这种对果汁饮料行业进行广度市场细分的做法是汇源公司能得以在果汁饮料市场竞争初期取得领导地位的关键成功要素。

但当 1999 年统一集团涉足橙汁产品后，一切就发生了变化。在 2001 年，统一仅“鲜橙多”一项产品销售收入就近 10 亿元，在第四季度，其销量已超过“汇源”。随后，可口可乐、百事可乐、康师傅、娃哈哈、农夫山泉、健力宝等纷纷杀入果汁饮料市场，一时间群雄并起、硝烟弥漫。统计显示，除了西北区外，华东、华南、华中等六大区都被鲜橙多和康师傅的“每日 C”抢得领先地位，可口可乐的“酷儿”也表现优异，显然“汇源”的处境已是大大不利。尽管汇源公司把这种失利归咎于可能是因为“PET 包装线的缺失”和“广告投入的不足”等原因造成，但在随后花费巨资引入数条 PET 生产线并在广告方面投入重金加以市场反击后，其市场份额仍在下滑。显然，问题的症结并非如此简单。

在市场的导入初期，由于客户的需求较为简单直接，市场细分一般是围绕着市场的地理分布、人口及经济因素（如年龄，性别，家庭收入等）等广度范围展开的。但当客户的需求多元化和复杂化，特别是情感性因素在购买中越来越具有影响力的时候，此时市场竞争已经由地域及经济层次的广度覆盖向需求结构的纵深发展了。

以统一“鲜橙多”为例，其通过深度市场细分的方法，选择了追求健康、美丽、个性的年轻时尚女性作为目标市场，首先选择的是500ML、300ML等外观精制适合随身携带的PET瓶，而卖点则直接指向消费者的心理需求：“统一鲜橙多，多喝多漂亮”。其所有的广告、公关活动及推广宣传也都围绕这一主题展开，从而极大地提高了产品在主要消费人群中的知名度与美誉度。再看可口可乐专门针对儿童市场推出的果汁饮料“酷儿”。“酷儿”卡通形象的打造再次验证了可口可乐公司对品牌运作的专业性，相信没有哪一个儿童能抗拒“扮酷”的魔力，年轻的父母也对小“酷儿”的可爱形象大加赞赏。而“汇源”果汁饮料从市场初期的“营养、健康”诉求到现在仍然沿袭原有的功能性诉求，其包装也仍以家庭装为主，根本没有具有明显个性特征的目标群体市场。只是运用广度（也是浅度）市场细分的方法切出“喝木瓜汁的人群”、“喝野酸枣汁的人群”、“喝果肉型鲜桃汁的人群”等一大堆在果汁市场竞争中后期对企业而言已不再具有细分价值的市场。即使其在后期推出了500ML的PET瓶装的“真”系列橙汁和卡通造型瓶装系列，但也仅是简单的包装模仿，效果甚微。

至此，我们已能看出在这场果汁饮料市场大战中，汇源公司领导地位如此轻易被动摇真正原因。我们说“汇源”与统一、可口可乐公司比较，它们间的经营出发点、市场细分方法的差异才是导致市场格局发生变化的关键因素。

“汇源”是从企业自身的角度出发，以静态的广度市场细分方法来看待和经营果汁饮料市场；而统一、可口可乐等公司却是从消费者的角度出发，以动态市场细分的原则（随着市场竞争结构的变化而调整其市场细分的重心）来切入和经营市场。同样是“细分”，但在市场的导入期、成长期、成熟期和衰退期，不同的生命周期却有不同的表现和结果。

问题引出： 汇源果汁与可口可乐、统一等公司相比，在市场细分方面出现哪些问题？

任务一
调研消费者市场

学习情景

企业在销售过程中，面临的最重要的市场就是消费者市场。不同类型的消费者购买对象、购买习惯都会不一样。销售人员必须深入调研消费者市场，以及消费者市场的购买对象类型，才能更有效地针对本企业产品采取有效的销售策略。

学习目的

通过完成本任务，了解消费者市场的特点，消费者市场的购买对象有哪些类型，树立起在销售商品之前对消费者市场进行深入调研的意识。

基础知识与技能

了解企业及其商品所面临的消费者市场的特点，以及该消费者市场的购买对象属于什么类型。作为销售人员应该掌握的基本的岗位技能，包括市场调查技能、分析技能、沟通技能等；具体包括：能够具体分析销售商品所面临的消费者市场有哪些特点，能够根据消费者市场的特点开展有效的销售策略。

一、消费者市场

消费者市场，是指消费者个人或家庭为其消费而购买商品和劳务的营销场所和领域。消费者市场又称“最终消费品市场”、“消费品市场”或“生活资料市场”，在市场营销中具有特殊的重要意义。

二、消费者市场的特点

1. 分散性。因为人类生存和发展的需要，每一个人在每一个阶段，都或多或少地需要通过购买消费品来满足自身的需求，都会成为消费者市场的购买者。消费人群的广泛分布、消费需要的长期性、消费行为的重复性使得消费者市场广阔，消费品的购买呈现人数众多、次数较多、地域分散、购买量小的特点。

2. 多变性。如今消费品种类繁多，大多数消费品具有较强的互补性和可替代性，消费者市场消费品的专用性日益降低，消费者在购买时有较大的选择空间和余地，使得消费品市场呈现复杂多变甚至瞬息万变的特点。

3. 随意性。消费者市场的购买者大都缺乏专门的商品知识和市场知识，购买行为往往凭借个人的偏爱、以往的经验和当时的情绪，同时容易受到广告宣传、商品包装和推销方式等外在因素的影响，从而表现出较大的随意性、不确定性和易变性。

4. 流动性。随着城乡交往、地区间往来的日益频繁，旅游事业的发展，国际交往的增多，人口的流动性越来越大，购买力的流动性也随之加强。往往同一个人会在不同的时间、地点、场合成为消费品市场的购买者。流动性的增大也使得一次性消费行为增多。

三、消费者市场的购买对象

市场的购买对象是多种多样的，但如果以一定的标准进行分类，消费者市场的购买对象可以分为不同的类型。

（一）如果以消费者的购买习惯为标准，消费者市场的购买对象一般分为三类，即便利品、选购品、特殊品

1. 便利品。便利品又称“日用品”，是指消费者通常购买频繁，希望根据需要随时购买的商品，如食品、报刊、洗护用品等。便利品一般是非耐用品，且都是消费者日常必需的，一般来说，消费者不会对产品的品牌、价格和质量作过多过细的考察，因此购买行为有很大的随意性和可变通性，往往愿意接受代用品。因此，对于便利品经营地点的选择，应以方便消费者及时、就近购买为原则。

2. 选购品。选购品是指价格比便利品要贵，消费者为了物色适当的物品，在购买前往往要花较多时间对许多家商品进行了解、比较才决定购买的商品，如家具、服装等。一般来说，消费者在购买前，对这类商品了解不多，因而在决定购买前总是要对同一类型的产品从质量、价格、款式等各方面进行比较。选购品的生产者应将销售网点设在商业网点较多、同类产品销售点相对集中的商业区，方便消费者进行比较和选择。

3. 特殊品。特殊品是指消费者能识别哪些牌子的商品物美价廉，哪些牌子的商品质次价高，而且愿意花较多时间和精力去购买的消费品，如电脑、电视、冰箱、化妆品、名牌服装、供收藏的邮票和钱币等等。消费者往往在购买前已经对这些商品有了一定的认识，认准了特定的品牌，一般不愿意接受代用品。为此，企业应注意争创名牌产品以赢得消费者的青睐，也要加强广告宣传，扩大本企业产品的知名度，同时要切实做好售后服务工作。

（二）如果按商品的耐用程度和使用频率分类，消费者市场的购买对象可分为耐用品和非耐用品

1. 耐用品。是指能够多次使用、寿命较长的商品，如冰箱、空调、热水器、音响等。消费者在购买这类商品时，决策较为慎重，一般会货比三家，反复权衡，确信商品的质量过硬、价格合理、服务到位的情况下才会做出购买决定。因此，生产这类商品的企业，必须注重技术创新，提高产品的质量和性能，同时要做好售后服务，满足消费者购买后的其他需求。

2. 非耐用品。是指使用次数较少、消费者需要经常购买的商品，如食品、洗涤用品等。生产这类产品的企业，除应保证产品质量外，要特别注意销售点的设置，以方便消费者能够及时购买到所需商品。

任务二
细分消费者市场

学习情景

企业所面对的任何一种产品的市场，都有为数众多、分布广泛、需要各异的购买者，并且在销售过程中面对各种类型的消费

者。作为销售人员必须明确自己销售的产品面对的是哪种类型的细分消费者，才能采取针对性的销售策略。

学习目的

了解消费者市场有哪些细分的形式，不同的细分形式对本产品销售有何影响，从而销售过程中能够采取更加积极有效的销售方法。

基础知识与技能

掌握消费者市场可以有哪些细分形式进行细分。作为销售人员应该掌握基本的岗位技能有调查分析技能、观察技能、交易技能等；具体包括：能够根据所销售产品的特点分析需要按照什么方式来细分消费者，能够根据细分出的消费者群体特点采取相应的销售策略。

一、消费者市场细分的内涵

1. 市场细分。市场细分又称“市场区隔”、“市场分片”、“市场分割”等，是指营销者通过市场调研，根据不同消费群体对商品的不同欲望与需求、不同的购买心理、购买行为和购买习惯，把一个总体市场（总体市场通常太大，以致企业很难为之服务）划分成若干个具有共同特征的子市场，针对每一类消费者群体采取单独的产品或营销策略。这一理论一经提出，就被广泛地用来指导企业的市场营销活动，在为企业寻找目标市场、对产品进行精确市场定位、加强市场竞争地位方面起到了重要作用。市场细分在为企业带来良好经济效益的同时，也更好地满足了消费者的不同需求。

2. 消费者市场细分。根据市场细分的定义，消费者市场细分指的是营销者根据不同消费群体的购买心理、购买行为和习惯，将消费者市场划分成若干个子市场，针对每一类消费群体采取独特的产品或营销策略。消费者市场细分的目的是为了研究各类消费市场中消费群体的心理活动规律以及由此而产生的消费特征和购买特点，从而为制定经营目标和产品定位提供依据。因此，分属于同一细分市场的消费者，他们的需要和欲望极为相似；分属于不同细分市场的消费者对同一产品的需要和欲望存在着明显的差别。这种类别的划分有利于企业找准自身产品的消费群体，满足他们的特定需求和偏好。例如，有的消费者购房是为了改变自身的居住条件，有的是用来投资，有的是用来度假，有的是为父母购买，有的是为子女购买等。从购买动机上就可以把房地产市场细分为几个子市场。当然，对同一产品细分市场的依据很多，细分的结果也不同。

二、消费者市场细分的形式

细分消费者市场的变量主要有四类，即地理变量、人文变量、心理变量、行为变量。以这些变量为依据来细分市场就产生了地理细分、人口细分、心理细分和行为细分四种市场细分的基本形式。

1. 地理细分。地理细分要求按照消费者所处的地理位置、自然环境来细分市场，如根据国家、地区、城市规模、气候、人口密度、地形地貌等方面的差异将整体市场分为不同的小市场。地理变量易于识别，是细分市场应予以考虑的重要因素，但处于同一地理位置的消费者需求仍会有很大差异。地理变量之所以作为市场细分的依据，是因为处在不同地理环境下的消费者对于同一类产品往往有不同的需求与偏好，他们对企业采取的营销策略与措施会有不同的反应。比如，在我国南方沿海一些省份，某些海产品被视为上等佳肴，而内地的许多消费者则觉得味道平常。

2. 人口细分。人口细分要求按照人口统计变量，如年龄、性别、家庭规模、家庭生命周期、收入、职业、受教育程度、宗教、种族、国籍等来细分市场。例如，不同年龄的消费者有不同的需求特点，青年人与老年人对服饰的需求差异较大。青年人需要鲜艳、时髦的服装，而老年人需要端庄、素雅的服饰。又如，由于生理上的差别，男性与女性在产品需求与偏好上有很大不同，如在服饰、发型、生活必需品等方面均有差别。再如，高收入消费者与低收入消费者在产品选择、休闲时间的安排、社会交际与交往等方面都会有所不同。正因为收入是引起需求差别的一个直接而重要的因素，在诸如服装、化妆品、旅游服务等领域根据收入细分市场相当普遍。

3. 心理细分。心理细分要求根据购买者所处的社会阶层、生活方式、个性特点等心理因素，将购买者划分为不同的群体（后面将详细阐述）。

4. 行为细分。行为细分要求根据购买者对产品的了解程度、态度、使用情况及反应等的不同，将他们划分成不同的群体。按行为变量细分市场主要包括：①购买时机。根据消费者提出需要、购买和使用产品的不同时机，将他们划分成不同的群体；②追求利益。消费者购买某种产品总是为了解决某类问题，满足某种需要，然而，产品提供的利益往往并不是单一的，而是多方面的；③使用者状况。根据消费者是否使用和使用程度细分市场，通常可分为经常购买者、首次购买者、潜在购买者、非购买者；④使用数量。根据消费者使用某一产品的数量多少细分市场，通常可分为大量使用者、中度使用者和轻度使用者；⑤品牌忠诚程度，企业还可根据消费者对产品的忠诚程度细分市场；⑥态度，企业还可根据市场上消费者对产品的热心程度来细分市场，不同消费者对同一产品的态度可能有很大差异。

三、消费者市场细分的意义

细分消费者市场，对企业营销具有十分重要的意义。市场细分是企业战略营销的起点，企业只有通过细分市场，把握消费者的需求现状和发展动向，联系企业自身状况选准目标市场，瞄准目标消费群，选择最有利的市场面，才能在竞争中脱颖而出，取得良好的经济效益。

具体来说，科学的市场细分对企业在产品定位、价格制定、广告策略、包装设计和促销等营销要素组合的决策有着重要的指导意义。企业所面对的任何一种产品的市场，都有为数众多、分布广泛、需要各异的购买者。对此，任何一个企业都不可能全面予以满足，不可能为所有的购买者提供有效的服务，不可能占领所有市场。只有按照一定的标准对市场进行细分，评估选择对本企业最有吸引力的细分部分作为自己为之服务的目标市场，即实行目标营销，再确定自己在市场上的竞争地位，搞好产品的市场定位，才能避免由于没有明确的目标消费者和市场定位而进行盲目开发、盲目生产、盲目竞争。与整个市场相比，消费者的价值需要能在细分市场得到更好满足。例如，如果市场细分中要吸引的广告观众是寻求经济低价的消费者，那么广告就应强调产品的价格竞争力。

任务三
剖析市场细分方式下的消费者心理

学习情景

在销售过程中，会遇到各种类型的消费者，有不同年龄的、不同性别的、不同社会阶层的、不同职业的，等等。销售人员必须对这些不同类型的消费者进行深入的分析和研究，才能有针对性地采取销售策略。

学习目的

了解消费者可以细分为哪些类型，销售人员需要树立起针对不同类型的细分消费者采取不同销售策略的意识，从而在销售过程中能够采取积极有效的销售方法。

基础知识与技能

了解消费者根据年龄、性别、社会阶层、职业等，分别可以细分为哪些类型。作为销售人员应该掌握对消费者进行细分的分析技能、观察技能、沟通技能、交易技能等；具体包括：能够根据所销售产品的特点分析面对的是哪类细分消费者，能够根据细分出的消费者群体特点采取相应的销售策略。

细分消费者市场的变量主要有四类，即地理变量、人文变量、心理变量、行为变量。以这些变量为依据来细分市场就产生出地理细分、人口细分、心理细分和行为细分四种市场细分的基本形式。本项目的侧重点就是从心理特征的角度细分市场。心理细分是以社会阶层、生活方式以及个性等变量作为划分消费者群的基础。

一、消费者年龄、性别心理特征分析

对于商品生产者和经营者来说，要想把握市场需求的现状和动态，并有针对性地开发适销对路的商品，就必须按消费者不同的需要内容、购买能力和购买愿望等标志对消费者做出必要的划分，研究不同消费群的消费心理。消费群即消费者群体，是由具有某种共同特征的消费者组成的。属于同一消费群的消费者，在心理特征、习惯和购买行为等方面有共同之处。根据多种特征对消费者进行区分，就形成多个不同的消费群。本项目对主要消费群的消费心理特征作研究。影响消费心理的微观因素有性别差异、年龄差异、个性差异、家庭四个方面，这里主要分析性别差异和年龄差异对消费群的消费心理的影响，探讨不同消费群的消费心理特征。

（一）消费者年龄消费心理特征

不同年龄阶段的消费者，由于受不同的社会环境、受教育程度、生理和心理特征的影响，他们之间形成了不同的需求结构和消费心理。因而，年龄是被中外市场营销学家和消费心理学家普遍采用的一项市场细分标准。按照年龄，我们可以把人群分成少年儿童、青年、中年、老年四类。这些消费群体具有各自的消费心理特征。

1. 少年儿童的消费心理特征。少年儿童消费者群体是由出生婴儿到 14 岁的消费者组成的群体。这一年龄阶段的消费者属于未成年消费者。20 世纪 80 年代以来我国计划生育政策的广泛推行，使得独生子女日渐增多。家长的爱护和国家对儿童的保护使儿童在物质和精神生活方面的条件都十分优越。每个家庭都十分注意儿童的营养和保健，都非常重视对儿童的智力投资和早期教育。这种情况有力地刺激了消费，使儿童用品市场迅速发展，不仅商品数量、种类迅速增加，而且商品质量也在不断提高。由此可见，少年儿童的消费市场非常广阔。

少年儿童的消费心理特点主要表现在以下几方面：①依赖性。由于生理的原因，儿童不能摆脱对成年人的依赖，心理状态也远不够成熟。因此，在消费上，少年儿童同样要依赖于成年人。他们在购买现场往往缺乏主见，大都依照大人的意见行事。②模糊性。儿童在购物时总是游移不决、左顾右盼，什么都喜欢又拿不定主意，这就是少年儿童市场心理的模糊性。③直观性。少年儿童在购买时不大注意商品的厂牌和商标，主要从对商品的直观印象进行比较选择。这种直观性市场心理要求企业在儿童用品的造型设计和外观包装的美化上狠下功夫。④阶段性。学龄前儿童对消费品的需要，起初主要是生理需要和物质需要，只是随着年龄的增长，精神需要才逐渐发展和丰富起来。到了学龄期，少年儿童的消费行为开始发生变化，精神、文化和知识的需要逐渐发展并占据中心地位，少年儿童的消费重心逐渐从生理、物质的需要向精神、文化的需要转移，消费行为也开始从原来的全依赖型向半依赖型过渡。此时，由于学龄儿童学习、求知任务的不断加重，很自然地使他们对学习用品和文化、体育用品的需要增加，渐渐转变为精神、文化的需求与生理发育有关的物质需要并重。但是，学龄儿童的消费行为大半仍是依赖父母。到了学龄晚期，儿童已经步入少年期，随着身心的发展，他们的自我意识得到了发展，独立性意识也不断增强。这种情况反映在消费上，就表现为模仿性的减弱和自主性的增强。他们不仅能意识到个人的某些需要，而且往往愿意自己去购买所需要的东西，不愿让家长继续包办。即便是家庭的一些购买决策，他们也要积极发表意见。但是，由于心理发展水平和知识经验的限制，少年消费者选择商品的能力还比较弱，而且易为商品的外观所吸引，难以做出正确的购买决定。

2. 青年的消费心理特征。

（1）青年消费的特殊重要性。青年是一个消费需求丰富且购买力巨大的消费群体。从消费需求来说，青年对消费品的需求相当广泛，从满足低层次的生理需要的产品，到满足较高层次的心理、精神和文化需要的产品，都是青年消费的对象。从消费能力来说，相对于少年儿童而言，青年人已成为独立的购买行为决策者，具备了独立购物的能力，开始了自主性消费。同时，在整个家庭消费中，青年的消费选择和决策所起的作用也越来越大，家长们也往往主动与他们商量，然后再做出购买决策。参加工作后，青年有了稳定的收入来源，再加上没有任何经济负担，这为青年进行自主消费、满足自身各种不同需求提供了重要的物质基础。青年消费是我国消费领域的重要组成部分，对企业制定有效的营销策略具有十分重要的意义，对消费市场的发展变化起着举足轻重的作用。

（2）青年消费的心理特征。

第一，追求新颖与时尚。青年人的一般心理特点是内心体验丰富，感觉敏锐，热情奔放，富于幻想，好奇心强，容易接受新事物，喜欢猎奇，反映在消费心理和消费行为方面，表现为追求新颖与时尚，追求美的享受，喜欢代表潮流和富于时代精神的商品。当今社会已步入高科技时代，青年人关注如何在崭新的时代空间中展现自我。因而，在消费市场上，青年常常是新产品的首批购买者和消费带头人。

第二，崇尚品牌与名牌。随着自我意识的发展和机能的成熟，青年人在群体活动中体现自身的地位与价值，追求仪表美、个性美，表现自我、展示自我的欲望日益强烈。反映在消费心理与消费行为方面，青年人特别注重商品的品牌与档次。在他们看来，名牌是信心的基石、高贵的象征、地位的介绍信、成功的通行证，追求名牌要的就是这种感觉。因而，青年人在购物时，虽然也要求产品性能好、价格要适中等，但对商品的品牌要求已越来越高。

第三，追求个性的张扬。青年人处于少年不成熟阶段向中年成熟阶段的过渡时期，自我意识明显增强。他们追求独立自主，力图在一举一动中突出自我，表现出自己独特的个性。这一心理特征表现在消费心理和消费行为方面，则是青年人消费倾向由不稳定性向稳定性过渡，对商品品质的要求提高，尤其是要求商品有特色、上档次、有个性，而对那些一般化的商品不感兴趣。

第四，注重情感与直觉。青年人的情感丰富、强烈，同时又是不稳定的。他们虽然已有较强的思维能力、决策能力，但由于思想感情、志趣爱好等还不太稳定，波动性大，易受客观环境、社会信息的影响，容易冲动。反映在消费心理和消费行为方面，青年人的消费行为受情感和直觉的因素影响较大，他们较少综合考虑选择商品，而特别注重商品的外形、款式、颜色、牌子、商标，只要直觉告诉他们商品是好的，可以满足其个人需要，就会产生积极的情感，迅速做出购买决策，实施购买行为。对于商品的内在质量到底好不好，价格是否偏高，是否会很快过时，是否与原有的购买计划不符等问题，却很少考虑。尤其是当理智因素与感情因素发生矛盾时，总是更注重感情因素。总之，青年人购买活动中的情感色彩比较明显，而且其作用强度也比较大。

3. 中年人的消费心理特征。我国的广大中年消费者，在工作中是骨干，在家庭中又是一家之主，肩负工作和家庭两副重担。但是，正是由于中年消费者这种特殊的地位，因而在家庭的消费决策中往往具有举足轻重的地位，说话算数，是家庭消费计划的设计者和实施者。

中年人在生理上和心理上都和年轻人有着明显的不同，在消费需求上有明显的差异，其消费心理特征是：

第一，经验丰富，理智性强。中年人生活阅历广，购买经验丰富，情绪较稳定，一般能够理智地支配自己的购买行为，感情用事、冲动购买的现象比较少见。一般来说，他们注重产品的实际效用，注重价格与品质的统一，从购买欲望的形成到购买行为的实施往往要经过分析、比较和判断的过程，随意性很小。而且，他们通过反复购买、使用某种商品，对这种商品有着较为深刻的印象，逐渐形成固定不变的消费习惯和购买习惯，且不会轻易改变这种习惯。因而，他们在消费上大多理智、慎重、成熟、老练，购买行为大多有意识、有计划、有目的，极少冲动。

第二，量入为出，计划性强。中年处于青年向老年的过渡阶段，而中年消费者大多肩负着赡养老人和抚育孩子的重任，是家庭经济的主要来源。在消费上，他们一般遵循量入为出的原则，形成了勤俭节约、精打细算的习惯，对消费支出的计划性强，很少出现计划外开支和即兴消费的现象。在购买活动中，他们格外注重产品的性价比，希望物美价廉、物超所值。

第三，注意身份，稳定性强。中年人由于负担比较重，经济上虽有一定的收入，但要全面考虑全家生活的需要。中年人的消费需求，由于对家庭生活的现实思考，不再像青年人那样醉心于追求时尚，而是注意建立和维护与自己所扮演的社会角色相适应的消费标准与消费内容。为了节省时间和减轻负担，他们喜欢购买各种方便食品和可以减少家务劳动时间的耐用消费品，这也是注重实用的一种表现。

4. 老年人的消费心理特征。老年人的消费行为有着与其他消费群体不同的特点：

第一，消费经验丰富，消费行为保守。在长期的消费活动中，老年消费者积累了十分丰富的消费经验，并且在各类商品的消费方面一般有稳定的消费兴趣和爱好，对于自己长期使用的商品十分熟悉，挑选商品的时候比较严格。他们大多相信老牌子、老字号，不易受各种新产品宣传的影响，对新产品、新字号不放心，购买上相对显得保守，对于不了解的商品不轻易采用，极少发生冲动性购买。这对推广新商品的市场营销工作造成了一定的难度。

第二，消费习惯稳定，消费行为固化。消费惯性是老年人心理发展特点的综合反映，他们在长期的消费生活中往往形成了比较稳定的态度倾向和习惯化的行为方式。老年人的消费，已形成一个消费需要的稳定序列，其消费需求内容更多地跟他们的生理、心理特点的变化相联系。他们购买商品时一般要求方便，易于选取和获得良好的服务。

第三，注重商品的适用性，要求价格合理、质量可靠。老年消费者把商品的实用性作为购买商品的第一目的性。他们强调质量可靠、方便实用、价格合理、舒适安全。至于商品的品牌、款式、颜色、包装装潢，是放在第二位考虑的。我国现阶段的老年消费者经历过较长一段时间的并不富裕的生活，他们的生活一般都很节俭，价格便宜对于他们选择商品有一定的吸引力。但是，随着人们生活水平的改善，收入水平的提高，以及我国已形成买方市场的情况下，老年消费者在购买商品时也不是一味追求低价格，品质和实用性逐渐成为他们考虑的主要因素。老年人在购买活动中较理智、重实用，特别注意商品的功能和质量，大多喜欢自己仔细挑选，不喜欢晚辈代劳。

第四，补偿性。很多老年消费者有补偿性消费动机。在子女成人独立、经济负担减轻之后，一些老年消费者试图寻找机会补偿过去因条件限制而未能实现的消费欲望。如今的很多老年人，既乐于在食物、营养滋补和医疗保健上投资，以求健康长寿，同时也乐于在文化娱乐、知识、技术信息等方面投资，以丰富晚年生活。

（二）消费者性别消费心理特征

按照性别不同，可把消费者分为男性消费群和女性消费群。

男女性别不同，生理特点不同，天然需求有别，结果必然导致消费行为和消费心理的差异。其一，消费地位上的不同。在我国，成年妇女通常在家庭中充当主妇的角色，因此，在购置基本生活必需品方面，她们往往是主要决策者。但在购买高档、耐用消费品方面，成年男子则往往发挥主要的决策作用，而且在执行具体选购计划时，也是具体执行人。其二，消费需要上的差异。性别导致的在消费需要方面的差异自婴幼儿期就开始表现出来了。随着生理上的发育和成长，男女之间的生理和心理差别就更加明显。

1. 女性的消费心理特征。分为一般生活用品的女性市场心理和女性专用品的女性市场心理两部分。

（1）一般生活用品的女性消费心理。在我国现在的家庭经济中，家庭主妇大都是当家人，因此，在购买家庭日常生活用品时，女性的市场心理首先表现出实惠心理。她们总希望“少花钱多办事”，并期望所购的商品能最大限度地满足家庭需要。由于传统文化的影响，我国的家庭主妇大都具有勤俭持家、精打细算、量入为出的美德，在目前中、低等收入家庭仍占大多数的环境下更是如此。这种实惠心理主要表现为：在权衡购买需要和购买动机时，以基本需要和实际需要为前提。在实施购买行为以前还要权衡利害得失，力求价廉物美，少花钱多办事。同时，一般女性在个性心理上比男子具有更强的情感特征，在购买上也表现出明显的情感心理。她们易受购物环境气氛、现场人际关系的影响。对新颖的造型、华美的包装、芳香的气味等容易产生喜好的情感。购物时还善于联想。最后，女性在购买现场还容易产生模仿性心理。女性容易受别人的影响而产生购买欲望，在实施购买时容易仿效别人。在日常生活中，女性总是留心观察别人及其子女的穿着打扮，注意别人的房间陈设，喜欢打听别人所购之物的性能、用途、质量、价格和使用和维修方法等。

（2）女性专用品的女性消费心理。女性专用品主要是指供女性消费的衣料、服装鞋帽、首饰、化妆品、卫生用品和药品等商品。

分析女性在购买女性专用品市场时所表现的心理状态，大致有以下几个心理特征：

第一，爱美心理。爱美之心人皆有之，而在女性身上表现得更为强烈。不论是青年女子还是中老年妇女，都愿意把自己打扮得漂亮一些。女性在为自己购买用品时，首先想到的是这种用品是否能保持自己原有的自然美，能否为自己增添时代美，而在具体挑选商品时比较侧重于外观造型美。

第二，时尚心理。赶时髦是一种社会现象，也是当代女性的一个明显的心理特征。时尚心理是爱美心理的一种具体表现。女性往往以时髦为美，但它又不同于一般的爱美心理，往往表现为追求先行和时新。在这类消费群体中，中青年女性较为普遍，尤其是青年女性，如在校大学生是其中显著的群体，从她们身上往往可以看出市场的流行趋势，她们喜欢标新立异，却往往忽略了商品的使用价值。

第三，炫耀心理。它是以购物来显示自己的某种超人之处的心理，是爱美心理的另一种表现，而且往往与爱美心理、时髦心理共存。当代女性，尤其是家庭收入较高的中青年女性，喜欢在生活中与人攀比，通常喜欢与处于同一层次、境况类似的人作横向比较，总想要拥有别人所拥有的和别人所没有的。表现在购买专用品时，女性都比较追求档次高的、价格贵的、质量好的或造型色彩奇特和与众不同的商品，以此显示自己经济条件的优越，地位的高贵，情趣的超俗、洒脱。这种心理特点在进入婚期的女性身上表现得尤其突出。

第四，自尊自重心理。女性敏感、自尊的心理素质在日常的消费活动中表现得尤为明显。她们往往以购买的内容和购买的标准来评价自己和别人。她们总是认为自己购买的商品最有价值，典型的表现是拿着刚买回来的商品让别人猜价钱，当别人猜的价钱高于她实际所花的钱时，则洋溢出得意的表情。

2. 男性的消费心理特征。与女性相比，男性的消费心理特征则是购买动机较弱，购买决策速度快，自尊心强。

第一，购买动机较弱。与女性相比，我国男性的经济收入较高，但其中直接用于个人消费的部分却不见得高于女性。尤其是在经济文化较发达的城镇里，男性用于个人消费的平均购买力低于女性。

第二，注意商品品质和实用性。男性消费者购买商品多为理性购买，对商品性能和商品知识了解较多，注意商品的整体质量，只要整体质量可靠，个别地方的瑕疵不在意，注意商品的使用效果，不易受外界环境和他人的影响。

第三，选购决策速度快，购买行为果断迅速。与女性较多地从口传中获得信息不同，男性较多地从广告宣传中获得商品的信息。男性的购买动机一旦形成，购买行为就比较果断迅速。由于受传统文化的影响，男性在事业上比较有追求，因此，男性在对与知识、技能有关的发展类和自我表现类的消费品的需求方面比女性强烈。在现实的购买活动中，男性对商品功能的了解能力优于女性。因此，他们在高档消费品的选购方面成为直接或主要的承担者，而且市场心理大多是理智型的。

第四，在日常消费品市场上呈现盲目性。在购买日常生活用品时，一般的男性由于平时不太注意生活的细节，只在出现了某种实际需要时才临时想购买，有时甚至是奉命购买，而在选购时又不善于讨价还价，因此，男性在购买日常消费品的市场心理上又大多是盲目的。

二、消费者职业、阶层消费心理特征

（一）按消费者职业细分的消费心理特征

1. 职业的内涵。职业是指人们从事相对稳定的、有收入的、专门类别的工作。它是对人们的生活方式、经济状况、文化水平、行为模式、思想情操的综合反映，也是一个人的权利、义务、职责，进而是一个人社会地位的一般性表征。

2. 目前各主要职业群体消费心理特征。

（1）国家公务员群体。国家公务员群体是指服务于国家各机关单位的从业人员，按照各行政级别不同，可分为科员、科级、处级、厅（局）级等。该群体职业相对稳定，收入属于中等水平，福利待遇好。公务员群体，尤其是国家机关的领导者，掌握着国家权力，该群体的社会等级属于中上等级。该职业群体的消费习惯及偏好是：公务员群体非常讲究生活质量，追求高质量的生活，但是消费能力一般，消费频次多且稳定，生活消费属于中等水平，公务员群体的消费心理是理智型、谨慎型。

（2）事业单位群体。事业单位群体包括工商、税务、国有银行、电力、烟草、公安等单位的从业人员。该群体与公务员群体的权利和义务基本相当。目前来看，事业单位人员的工资待遇高，因此消费能力强。他们拥有一定的权力，属于中上层阶层。该职业群体的消费习惯及偏好是：事业单位群体对自身的生活、经济状况非常满意，因此他们喜爱消费，较为大胆，对购房、购汽车、外出旅游、投资相对积极。

（3）蓝领群体。是指体力劳动者，包括有技术的、半技术的工人，如农场工人、机械加工工人、矿工和建筑工人。他们工资水平不高，属于中下层阶层。该职业群体的消费习惯及偏好是：较低的收入使他们在消费过程中不得不精打细算，但是他们容易获得满足，在消费中也能自得其乐，即使在国内外品牌的跳跃闪烁下，看看、想想、买买是他们品牌商品消费的基本模式。

（4）白领群体。是指受过教育的中产阶级，有一定职业特权的人，如知识技术性强的工厂的工作人员、职员，实验室的技术人员，计算机编程人员及一些管理者。他们主要在写字楼里工作，大多受过良好的教育，因一技之长而被老板聘用，懂得把自己打扮得体，工作上能独挡一面，处理问题的方式更趋实用，属于中等阶层。该职业群体的消费习惯及偏好是：高学历、高收入、高消费已成为当代白领必备的特征。白领群体往往用心去生活，他们喜欢追求品牌、时尚的消费品，以此彰显自己的品味。因此，他们也是城市中崛起的懂得怎样消费、怎样玩的新兴一族。

（5）金领群体。包括企业高层管理者和自由职业者。金领群体是知识经济孕育出的一代，他们思想活跃，易于接受新生事物，消费能力较强。金领的工作具有不重复性和比较复杂的特点，其成果较难评价。他们基础知识扎实，善于发现问题，注重“自我管理”，才能、智力是他们最宝贵的财产，如精算师、CEO、CFO等工作。

（二）按消费者阶层细分的消费心理特征

一般而言，不同社会阶层的消费者具有不同的购买行为。总的来说，低阶层的消费者通常存在一种立即获得感和立即满足感的消费心理，他们注重安全和保险因素；中层消费者一般讲究体面，怀有强烈的社会同调性，同一阶层内消费者彼此之间影响较大；上层消费者则更注重成熟与成就感，所以对具有象征性的商品比较重视，这种消费心理的差异将会直接影响企业的产品计划、广告设计和价格策略等等。因此，企业的营销主管必须明确自己产品的服务对象应是哪一个社会阶层，以及该阶层消费者的主要购买行为特征，从而做好产品和市场定位，提高营销绩效。

1. 低收入群体消费状况。从某种程度上说，低收入群体也就是指贫困人口。低收入水平消费者的家庭，其消费以基本生活消费为主，影响这一层次居民消费的主要原因是收入水平低且增加缓慢，所以增加其收入是最有效地启动这一层次居民消费的手段。由于收入水平越低，消费倾向就越高，所以增加低收入水平居民的收入将对促进整体消费带来较大效用。政府可以考虑以税收和补贴方式调整收入分配，增加对低收入水平居民的补贴，如加强社会保障建设、增加对失业（下岗）工人的补贴、完善最低生活保障体系等等。

2. 中等收入群体消费状况。中等收入群体的消费者家庭的收入基本稳定，在满足日常消费之外略有结余。这一层次消费群体的家庭占到城镇家庭总数的60.98%，收入占到居民收入总数的58%，是我国消费的主体部分。据我国城镇居民家庭基本情况调查结果的资料显示，目前中等收入消费群体占据较大比重，处于“多收少支”和金融资产积累阶段。这部分居民属温饱型消费群体，其基本的消费需求已经满足，正积聚资金向更高一层的消费提升。但由于住房、医疗、教育等各项改革的集中推进，使这些居民预期支出大增，有钱也不敢花。

这一消费群体的消费特征表现为对未来收入与支出不良预期，即期消费变得缩手缩脚。造成居民消费行为谨慎的原因，一是居民对未来预期收入增加缺乏信心，二是居民对未来因相关改革引起的预期支出增加比较担心。此外，传统消费仍在很大程度上对这一群体的消费行为起着很大的支配作用。人们崇尚“收支相抵、略有结余”，忌讳“寅吃卯粮”，因而即期收入成为当前消费的最大极限。他们极少“负债”消费或“超前消费”，不愿意把明天的钱提前到今天来用。上述因素导致不少居民消费心理趋于保守，消费行为更加谨慎，大量的购买力沉淀下来，以获得“未来安全”需要。

3. 高收入群体消费状况。如今生活宽裕的高收入居民，十分关注生活质量的提高，消费意向仍较高，但消费倾向已经出现明显变化。例如，随着生活水平的不断提高，高收入群体的饮食观念发生了转变，消费档次也逐年提高，粮食消费比重继续走低，副食品消费比重逐年上升；讲究营养和风味，讲吃“精”、吃“怪”；由于生活节奏的加快和消费观念的更新，高收入居民在外用餐的支出明显增加。同时，他们的投资意识日益增强。调查显示，越来越多的高收入居民，在消费时追求精神消费和服务消费，教育、文化、通信、保健、住宅等成为消费热点，追求时尚化与个性化日趋明显。例如，除了满足物质生活需求外，旅游消费成了“假日消费”热点，外出游览名胜古迹，出境领略异国风情，成为高收入居民假日消费的重要内容。又如，投资教育已成为高收入居民消费的一个重要组成部分。社会就业竞争日趋加剧，人们越来越感受到就业的压力和竞争的压力，体会到投资教育的重要性，用于教育方面的投入逐年加大。表现为高收入居民在文教类的消费中，逐步转向重视子女智力开发和自身素质的培养。

学习资源链接

1. 精品视频讲座推荐：《消费者心理破解方法》，讲师：王翰骏。
2. 延伸阅读：

不同年龄段的消费者要不同对待

消费者需求是在不断变化的，消费者的消费心理也都是大不相同的，尤其是对于不同年龄段的消费者来说，其相互之间的消费习惯、消费理念、所需要的服务都有着天壤之别。因此，对于不同年龄段的消费者，经营者或者是销售人员就要区别对待，具体见表6－1。

表6－1　　不同年龄段消费者的引导方法

不同年龄段	心理特点	引导方法
青少年	喜欢和成年人比拟、趋于稳定的购买意识、从众心理开始形成、个性化消费心理不断发展	恰当地运用商品的定价方法、充分发挥商品直观形象的作用、适当注意商品质量
青年	追求时尚与新颖、追求科学与实用、追求自我成熟和消费个性的表现、冲动性多于计划性	利用青年购买的群体性、利用青年购物的快捷性、利用青年购物的时尚性
中年	中年人是家庭消费的主要决策者，希望以稳重、自尊和富有涵养的风度有别于青年人；情绪不易受外界影响。购买时有理性、有计划、有主见、有求同性	要真诚、要认真地亲切地与之交谈，对他的家庭、事业说一些佩服的话，要说得实在，他们会乐于倾听，从而信任你及你的产品，不要施压和紧逼
老年	具有较强的习惯性购买心理，求方便、安全、服务良好，老年人心理比较敏感	提供耐心周到、细致入微的良好服务，提供舒适、方便的购物环境

训练与思考

训练思考一：

班级内部分组，针对不同大类的日常消费品设计研究内容，选择一些商场或超市，对不同年龄和性别的消费者进行观察。观察结束后小组内讨论总结，写出调研报告。

训练思考二：

案例分析："天美时"手表成功之道

美国钟表公司在第二次世界大战前还是一个不大起眼的公司，在美国的市场上还没有什么大作为。此时，公司极力想在美国市场上撕开一条口子，大干一番。当时，著名的钟表公司几乎都是以生产名贵手表为目标，广告宣传和推销活动都集中在礼品购买季节（如学校举行毕业典礼及圣诞节等）进行，而且主要是通过大百货商店、珠宝商店推销。那时，手表的购买者也确实是把它作为礼物，追求象征性或感情性的价值，毕竟那是高档的消费。

美国钟表公司通过市场营销研究发现，实际上市场可进行划分，他把市场上的购买者分为三大类：

第一类，此类的消费者希望能以尽量低的价格购买能计时的手表，他们追求的是低价位的实用品，这类消费者占23%。

第二类，此类消费者希望以较高的价格购买计时更准、更耐用或式样好的手表，他们既重实用，又重美观，这类消费者占46%。

第三类，此类消费者想买名贵的手表，主要是把它作为礼物，他们占整个市场的31%。

企业发现，以往的手表生产者远远没有满足市场的需求，他们提供的产品仅是以第三类消费者为对象的。通过这样一个细分，美国钟表公司高兴地意识到，一个潜在的、充满商机的大市场即在眼前！公司根据第一、第二类消费者的需要，适当安排市场营销组合，制造了一种叫做“天美时”的物美价廉的手表，一年内保修；而且利用新的销售渠通，广泛通过商店、超级市场、廉价商店、药房等各种类型的零售商店，大力推销，结果很快提高了市场占有率，成为当时世界上最大的钟表公司之一。

分析：

1. 作为销售人员，请你分析一下天美时钟表公司是根据什么标准进行市场细分的？

2. 你认为天美时公司可否同时占据第一、第二、第三类消费者市场？为什么？

项目七

7 解析门店环境与服务心理

案例导入

肯德基在中国大陆的选点投资

1986年9月，肯德基家乡鸡公司开始考虑如何打入人口最多的中国大陆市场，发掘这个市场中所蕴涵的巨大潜力。但是许多难题困扰着决策者们：中国大陆市场是完全陌生的，肯德基纯西方的风味能否为中国大陆消费者所接受？投资地点具有很大的不确定性，首选何处才容易成功？

托尼·王作为肯德基东南亚地区副总经理，承担了拓展中国大陆市场的重任。

在情况不明朗的时候，托尼·王决定对中国大陆市场进行全面彻底的调查。首先面临的问题是：第一家肯德基店址应选在何处？这一决策对今后的赢利，对在中国大陆其他地区的进一步开拓以及对投入管理资源时的决心，都将产生戏剧性的影响。

托尼·王首先想到了天津。他与天津市政府已经建立了非常友好的关系，天津又是直辖市。但是，天津的弱点是：缺乏供应方便的谷物饲养的肉鸡。在地理位置上，天津通常被视作为北京的门户，不具备这项宏伟计划所需的形象和影响力，西方旅游者一般不经常光顾该城市。

那么上海呢？上海是中国最大的城市，有1100多万居民和中国最繁忙的港口，是中国最繁荣的商业中心。上海与西方的交往有着悠久的历史，西方的商业与文化对上海有着浓重的影响，上海也容易获得合乎质量的充足的肉鸡供应。但是，上海的噪音和污染令旅游者感到沮丧，西方商人会不会被肯德基家乡鸡所吸引，经常光顾肯德基呢？这也是一个未知数。上海的实际人口虽然重要，但这比潜在消费者群的大小要次要一些。

广州是可供选择的另一方案。它是西方商人经常光顾的地方，也是旅游者从香港出发进行一日游的好地方，在广州开业很容易得到肯德基香港办公室提供的服务。广州作为沿海开放城市，那里的人们熟悉西方管理惯例和西方文化，找到一个充分供应肉鸡的来源也没有什么大困难。但是广州不是直辖市，这意味着在此投资与政府打交道时要增加一个层次。

北京是中国的首都。900万居民的人口数仅次于上海，外来人口众多，有潜在的消费者群。北京还是中国的教育中心，是高等学府的聚集地。北京是那些向往故宫、长城、十三陵的西方旅游者必到之地。从北京搞起，无疑将更大地吸引人们的注意力，并且不言而喻地表明当权人的赞同态度，这将有助于今后向其他城市的进一步发展。北京城郊也有好几家家禽饲养基地。然而，从政治和经营方面来说，选择北京可能比选择其他城市更具有冒险性，因为一个成功的惹人注目的买卖会增加政府干预的可能性。

由于没有一个本地同行作向导，也找不到任何可靠的决定市场需求和定价依据的市场信息，选择投资地点的决策更加复杂化。在对逐个城市进行考察评价的基础上，决策者认为，投资地点的确定应主要放在追求今后能够对公司打入范围更大的中国大陆市场提供最大的长期影响力上。

问题引出：不同的首选投资地点对于肯德基来说会产生哪些影响？作为肯德基销售人员，从分析消费者心理的角度，你认为肯德基应首选哪个城市？

任务一
解析门店外部环境对消费者心理的影响

学习情景

在销售过程中，商场门店外部环境（包括门店的地理位置、外观设计等）都会影响到消费者的心理，进而影响到消费者购买决策。销售人员必须深入了解自身所在门店的外部环境特点，才能有针对性地采取销售策略。

学习目的

通过完成本任务，了解门店的地理位置和选址对消费者消费心理有哪些影响，了解门店的外观设计对消费者心理会产生哪些影响；树立起销售人员深入了解和分析自身所在门店外部购物环境的意识。

基础知识与技能

了解门店的外部环境对消费者消费会产生哪些心理影响。作为销售人员应该掌握相应的分析技能、观察技能、沟通技能等；

具体包括：能够准确分析自身销售商品所在的门店的外部环境的特点，能够根据门店的外部环境特点并结合所销售商品特点采取相应的销售策略。

一、门店选址的要求

门店选址包含两重意义：宏观选址与微观选址。宏观选址是指对某个国家、地区及城市的选择，微观选址则是具体到某个街区、某个具体位置的选择。商店经营的成败很大程度上取决于店址的选择，而零售业更有“选址的产业”之称。国外有一种观点：零售业成功的关键是“Place－Place－Place”（选址、选址、还是选址）。

在营销过程中，我们会发现，同样的商品，人们为什么要在这家商店购买而不到另一家商店购买，这不仅仅涉及消费者购买行为的动机问题，同时也涉及商店能满足人们的哪些需要以及能给人们带来哪些利益的问题。现实中，消费者逛商店除了买东西以外，更有着其他的心理需求，如将逛商店视为一种改变日常单调生活方式的娱乐活动，一种了解时尚、跟上潮流的方式，一种与他人建立良好关系的社交活动，或者是一种展示自己经济地位或表现自己的鉴赏能力、讨价还价能力的展示自我的方式。这些因素都影响着消费者对商店的选择，所以商店的类型与其所处的地理位置在商店选址中意义重大。

（一）商店周围的环境对消费者的心理影响

建筑物周围的环境，主要影响消费者对该购物环境的辨认，也可能影响消费者购物的方便程度。商店周围的环境主要包括周围的商业建筑群、交通状况等。

商业建筑群能够相互影响、相互作用，产生一种规模效应。当消费者在一处购物环境购买商品时，他们可能同时在附近的商业场所浏览、观光，并可能产生购买行为。这样的购买行为就属于建筑群体产生的规模效应，即马太效应。马太效应是大型营业环境规划设计的重要参考因素，马太效应能够带动周边地区的经济活动，从一定意义上讲，也方便了消费者购物，降低了一些消费者每次购物或消费的“成本”。

交通条件无疑是影响消费者行为的重要因素，交通条件越方便，消费者购买商品的困难越少；交通条件越差，消费者购买商品的难度越大。比如购买商品之后的运输问题、消费者由居住地到营业环境时的困难等，都受交通条件的影响。

（二）商店环境建筑特色对消费者的心理影响

消费者进入购物环境的时候，一般会首先注意建筑物的特点，那些风格独特、造型优美的商店，会强烈地刺激消费者感官，引起消费者兴趣，给人们以较深刻的印象。所以，国外一些大城市里，经常能见到别出心裁的小型售货亭，有的外形像一个可口可乐的小桶，有的外形像一个牛奶瓶，法国有一家水果商店，整个外形是一个剥开了的十分诱人的巨大的橘子，剥开的开口处是商店的门，消费者好像走进橘子里去一样。这样的造型，对消费者的吸引力可想而知。

（三）商店类型及所处地理位置对消费者的心理影响

现代商店类型繁多，各种类型的商店在空间上处于特定的地理位置，并与相邻位置的商店相互影响。一般来说，处于全市性商业网点群、交通便利、周围附有各种娱乐餐饮场所的、对消费者吸引力较大尤其是位于繁华商业中心的商店，可以借助其显著的地理位置、浓厚的商业气氛和完备的综合服务功能，提高商店的地位和知名度，吸引更多的消费者光顾，同时也有利于激发消费者求名、求全的购买动机，从而进一步激发其对商品的连带式购买；位于区域性商业网点和居民小区的商业网点群的商店，地理位置与所在区域消费者十分接近，经营类型以小型、大众化为主，经营的商品以日常生活用品为主，因为随着人们生活水平的提高，人们求方便的心理高于求廉的心理，绝大部分的日用品以就近购买为主。

二、门店外观设计对消费者心理的影响

商场的外观包括商场建筑物、商店门面和出入口等商场的外部形象，也是能否引起消费者良好心理反应的重要因素。

（一）商场建筑结构设计的影响

建筑是一种艺术，是物质和精神的统一。商场建筑不仅具有形态功能，也具有心理功能。从形态功能来讲，它应满足作为购物场所的空间需要；从心理功能来讲，它应能给人以形式美感，产生美的愉悦，由此吸引更多的消费者，造成良好的购物情绪氛围。

现代商场建筑结构有向高大、挺拔、宽敞方向发展的趋势，可以满足人们的舒适感。与此同时需要注意的是，进入商场主营业厅的阶梯不能多，以免因爬楼梯而产生不便之感。有些商场在设计中为突出建筑物的气势，把主营业厅安排在二楼，并在街面与主营业厅之间高高的阶梯旁安装自动上下的电梯，方便了消费者进入商场。商场建筑也不一定都追求高大，总体上建筑形式要服务于经营内容，应与主销商品的品种与营销氛围相协调。

（二）门面设计的影响

消费者对商店的认识，除了广告宣传、传统声誉外，更经常地是从商店的外观开始的。人们对商店的一般心理反应通常是：一个商店的门面装饰得高雅华丽，其销售的商品也一定很高档优质；如果商店外观简陋陈旧，其销售的商品档次就很可能是低下或过时的，质量难保。所以良好的外观形象、和谐的外在氛围，能引起消费者进店浏览、购物的欲望，而那些过于简陋或过于豪华、搭配不协调的商店门面装饰，本身就是拒绝消费者的心理屏障。

门面的外观形象可以体现商店的风格，这些风格的不同，使消费者产生不同的心理感受；而门面设计不仅要满足消费者的心理需求，更要注重与周围自然环境协调，充分满足消费者在购买过程中的多层次的消费需求。

门面装饰分外观形象和门面设计两大部分。

1. 外观形象。**外观形象**主要通过商店门面的建筑和装饰风格表现出来，从商业的建筑风格来说，可分为现代风格门面和传统风格门面两大类。现代风格门面给人以时代的气息和现代化的心理感受，尤其是大型百货商场和超市采用现代化建筑风格，这对于消费者购物具有很强的刺激作用，不仅迎合了人们追求时尚的心理，更满足了人们休闲娱乐的多方位的心理需求。而传统外观风格门面则给人们以古朴殷实、传统丰厚的心理感受，所以经营中国传统商品的专卖店，或者反映人文古迹、民族风情的旅游景点的特种商店，采用传统风格的设

计就比采用现代化风格的设计要好。也就是说，外观风格与内部经营商品门类的格调要基本一致，与消费者的心理趋向和心理习惯要基本一致。

2. 门面形式。**门面形式**的设计在商店门面装饰中也起着举足轻重的作用。根据商店所经营的商品和类型以及所处的地理环境的不同，门面形式主要有封闭式门面、半封闭式门面、全开放式门面和特色门面。

任务二
解析门店内部环境对消费者心理的影响

学习情景

在销售过程中，商场门店内部环境（包括门店招牌、橱窗设计、内部设计、内部陈设等）都会影响到消费者的心理，进而影响到消费者购买效果。销售人员必须深入了解自身所在门店的内部环境特点，才能有针对性的采取销售策略。

学习目的

通过完成本任务，了解门店的招牌、橱窗设计、内部设计、内部陈设等对消费者消费心理有哪些影响；树立起销售人员深入了解和分析自身所在门店内部购物环境的意识。

基础知识与技能

了解门店的内部环境对消费者消费会产生哪些心理影响。作为销售人员应该并掌握相应的分析技能、观察技能、沟通技能等；具体包括：能够正确分析自身所在门店的内部环境特点，能够针对门店内部环境特点并结合所销售商品的特点采取相应的销售策略。

一、门店招牌命名与消费者心理

招牌作为门店的牌号，是商场名称的艺术制作，是消费者寻找和识别商家的标记。消费者在商业区行进，首先浏览到的是各式各样的招牌。商业街相互连接、各具风格的招牌，构成了浓郁的商业氛围和丰富多彩的街景装饰。

商场名称常可分为两部分：前半部分为特殊标志，用以与同种业态、同类商场相区别；后半部分为一般标志，用以表明主营商品属性或种类。如“华联超市”，“华联”为特殊标志；“超市”为业态。前半部分用词是商场命名心理应着重加以研究的，但必须在意境上与后半部分协调一致。

1. 以商店主营商品命名，满足消费者求便心理。这种命名方式，通常能从招牌上直接反映出商店经营商品的类别，例如，“光明眼镜店”、“亨得利钟表店”、“红绣服装店”等等。这些命名很直观，使消费者一目了然，可以直接根据招牌名称做出购买商品和购买地点的选择。这样的招牌具有引导消费者购买的作用，可以满足消费者求速、求便的心理。

2. 自然朴实，满足消费者大众化心理。众多商家为商场起一些大众化的名称，比如“为民超市”、“为民百货”、“大众饭店”。这类名称直截了当地将商家的服务宗旨向人们作自我展示，自然而又朴实，能起到贴近消费者的心理作用，消费者顾名思义地会认为这是面向大众消费的商店。大众化名称的不足之处是重复度比较高，难以形成深刻印象。

3. 以名人、名牌商标或显示高贵的词语命名，满足消费者求名、求奢心理。追求高级、华贵、高雅是某些消费者特有的心理倾向，随着消费者收入水平的提高，现代消费者不仅追求“名牌商品”，同时也追求“名牌商店”。专营珠宝首饰的“戴梦得”在华贵中透出高雅；“荣宝斋”的店名与所售的名人字画在文雅的气氛中显得极为和谐。这类招牌会激发消费者自我表现的购买动机，对求名、求奢心理强烈的消费者具有极大的吸引力。

4. 以新颖、奇特的表现方式命名，引起消费者的好奇心理。商场名称忌千篇一律、千人一面。要使人牢记，想创造品牌，起一个富有特色、与众不同的店名是必要的，它可以引起人们的注意，激发人们的兴趣。比如“傣家村大酒家”、“红房子西菜馆”、“小绍兴酒家”，名称给人以明显与众不同的感觉，喜新喜特的人们，不免会产生兴趣和联想。不过形式与内容要保持一致，不能只是在名称上做文章，一定要真有特色，防止给人以故弄玄虚之感。

5. 以寓意美好的词语和事物命名，迎合消费者的喜庆吉祥心理。追求喜庆吉祥是各民族消费者受其民族文化传统影响，长期形成的一种重要的心理需求，以商意美好的词语、数字或事物命名，可给消费者以吉祥如意的心理感受，增添一份对商店的好感。例如，“家乐福”超市的含义是家庭幸福快乐；“康宁药房”，给患者一种药到病除的祥兆；“全聚德”饭店的名称，给人以亲切温暖的感觉，使前往聚餐的亲朋好友倍感温馨，增加欢乐的气氛；“圆缘园茶坊”的特殊标志由三个同音字组成，既有趣味，又充满情感，新老朋友在这里相聚品茗，会平添几分情趣。

二、橱窗设计与消费者心理

橱窗是商店的眼睛，是商店内商品“精英”的荟萃和演示台，是商店向外界宣传自身形象的重要阵地。橱窗是商店门面的重要组成部分，它的直接用途是展示、宣传商品，向消费者传递消费信息。从某种意义上说，橱窗也是广告媒体的一种表现形式。橱窗以商品为主体，通过布景、道具和装饰画面等背景衬托，再辅以色彩、灯光和文字解说等，不仅形象、直观地向消费者介绍、展示了商品，而且类化了商业环境。因为一个构思新颖、主题鲜明、风格独特、造型美观、富于想象的商品橱窗，本身就是一件街头艺术品，不但与商店建筑和内外环境构成意境生动的主体画面，更是给消费者以强烈的视觉冲击和审美享受。不仅使消费者了解到消费信息，同时，更对消费者的消费行为起到了指导和示范作用。

（一）选择适当的橱窗形式，迎合消费者的心理需要

橱窗按建筑结构分可分为独立橱窗、半透明橱窗和透明橱窗；按商品陈列方式可分为特写橱窗、分类橱窗和综合橱窗。

1. 独立橱窗。是指只有一面透明其他侧面均呈封闭状态的橱窗。这种橱窗通常都与商店内部的售货现场隔离，在商店外观中也自成体系，保持相对的独立。独立橱窗有利于设计者充分展示商品，突出宣传效果，有利于吸引消费者的注意力。

2. 半透明橱窗。是指除正面外，侧面或背面也部分透明的橱窗。半透明橱窗运用得当，可与内部售货场所连为一体，有利引起人们的好奇心理。但容易分散消费者对橱窗本身的注意力。

3. 透明橱窗。通常与商店内部连为一体，可以使消费者直接地看到售货现场，有强烈的现场感，同时可以使消费者获得对商店外观和内部状况的整体感受。不利的因素是，由于里外透视，消费者的视线容易分散，不易突出商品本身。

4. 特写橱窗。是指只陈列某一种商品，或者虽有其他商品，但都处于从属地位，陈列其他商品的目的是为了烘托主要商品。这类橱窗通常用来介绍新产品，或是准备推销的、具有特色的、可能流行的商品。特色橱窗可以充分发挥设计者的艺术才能，突出商品的特点，给消费者留下深刻的印象。

5. 分类橱窗。是指把用途相近或有连带性的商品摆放在一起陈列。如家用电器、体育用品、床上用品等。这类橱窗容易引起消费者的联想，激发其潜在的购买欲望。

6. 综合橱窗。综合橱窗陈列的商品繁多，彼此很难有艺术联系，因而主次不分，任何一种商品都不突出，整体上也难以给消费者以感染力，不易吸引消费者。

（二）注重橱窗设计的艺术手法，激发消费者多方面的心理反应与感受

橱窗的设计者应灵活运用样品、视线、层次、色调、摆放位置、灯光、道具等手段，力求使橱窗主题鲜明、构思巧妙、富于艺术感染力，从而激发消费者全方位的心理反应，产生良好的心理感受。橱窗设计的艺术手法表现为：

1. 要注意精选陈列的商品数量及商品的品种。橱窗应该陈列流行性的商品、新上市的商品、适时应季的商品、引导消费的商品等，也就是说，应突出一个商店的重点商品。

2. 要注意商品展示的形式、摆布位置及视觉效果。橱窗陈列应塑造出具有强烈艺术感染力的橱窗整体形象，迅速引起消费者的注意，使消费者在美的艺术享受中，加深对陈列内容的视觉印象。

3. 要注意季节性及节日的消费需要和消费习惯的变换。

4. 充分利用景物渲染陈列的商品。运用借景抒情的手法，对陈列内容进行间接的描绘和渲染，把商品陈列与环境装饰有机地结合起来，在潜移默化中影响消费者，从而达到引发消费者购买欲望的促销目的。

三、门店内部设计与消费者心理

内部设计是指商店内部建筑、设施、店面摆放、商品陈列、装饰风格、色彩、照明、音

响、空气等要素的综合体现。商店内部环境的设计和安排，是企业内部管理水平和营销活动适应程度的直接反映。消费者对商店环境的评价，也表现在内部环境设计上。

如果说好的商店外观设计能吸引消费者驻足观望，那么好的商店内部环境设计，则可使消费者流连忘返。就消费者心理而言，内部环境在整体购物环境中起着主导的支配性作用。

（一）店堂布局的原则及心理功能

商店店堂的合理布局，不仅有利于提高商店有效面积的使用率，更重要的是为消费者提供了舒适的购物环境，使消费者获得购物之外精神上和心理上的某种满足。因此，店堂布局的原则应是“总体均衡，突出特色，和谐舒适，方便购买，适时调整”。

1. 布局结构与交易方式的协调一致。商店的布局是以商店建筑结构为基础的合理使用，即售货场所和非售货场所、通道、固定设备、陈列货架之间的相互关系，以及与建筑结构关系的妥善安排。这种妥善安排（布局）的基础是商场所采取的交易方式。交易方式主要有敞开式售货、封闭式售货和两者结合的混合式售货。

不同的售货形式要与布局结构相协调，交易方式与店堂布局的合理结合是形成店内良好购物环境的基础。当消费者进入商店购物时，如果交易方式与商场布局不协调，会使消费者感到购物的不便，从而产生反感情绪。

2. 突出经营特色与全方位服务的协调。突出自己的经营特色与注重对消费者全方位服务，是商店经营成功的法宝。尤其是综合商店，由于自身经营的商品品种、类别、款式繁多，且同类商场所经营的商品品种大多雷同，这样就很难从商品的角度形成区别于其他商场的特色。因此，综合性商场必须在对消费者群体细分后，以全方位服务为基础，通过对商品档次和服务特色的定位，形成自己的装饰布局特色和经营特色。

3. 方便与舒适购买的协调一致。店堂布局的核心是实现促销。随着生活节奏的加快，人们对时间的价值认识越来越高。因此，店堂布局必须考虑到：如何使消费者能尽快买到所需要的商品，提高购买效率；如何使消费者把商业购买行为变为集购物、休闲、娱乐、社交为一体的综合活动。

4. 时尚高雅与大众化的协调搭配。消费者的个性心理倾向及经济状况，导致不同的心理需求，也为店堂布局提出了多层次的要求。单调简陋的布局会失去一部分高收入的消费者，而过于豪华的店堂装饰，同样会给消费者造成心理压力，从而“吓”走大多数普通消费者。

可见，高雅和大众化必须相协调。尽管追求时尚与高雅是商店装饰的基本要求，但应与当时、当地消费者可以接受的“阈限”相符。装饰布局的高雅与否，不仅仅反映在“物质”内容上，而更应突出生活情趣和文化品位，从而达到雅俗共赏的理想境界。

5. 购买安全与销售安全的统一。购买安全，从商店布局的角度来说，主要指消费者在购买过程中与布局相关的安全问题。另外就是消费者在商场购物过程中的钱财安全问题。绝大多数偷窃发生在试衣间、视线不佳的地方或临时堆放商品而显得拥挤的通道以及比较高的陈列货架的背后。所以，商品陈列设备应当不高于视线水平，使商店雇员能越过货架顶部看到另一条通道；在光线较暗的地方适当设置管理人员办公室等，这样给消费者一个安全的购物环境，对消费者的购买行为产生不可低估的作用。因为凡是安全方面声誉较差的商场，消费者的疑虑和不安心理也会相应增加。

（二）营业场所设计的心理分析

现代营销理念认为：营业场所的规划布局好坏是能否获得比较好的经营效果的关键之一。因此，营业场所设计在营销活动中受到了普遍的重视。总体上说，营业场所的设计主要包括使用面积的合理分配，店面摆放方式的选择，楼梯、楼道、走道的布局和使用等。通常情况下营业场所的设计并没有固定的模式，而是商店根据各自的规模、类型、建筑风格及经营特色，结合商场现有条件，在最大限度地使营业场所布局符合大多数消费者的一般购物心理的基础上独立进行设计的。完全一致的设计是不存在的，而且随着社会经济的发展及物质技术手段的提高，营业场所的设计水平也会不断提高。

1. 营业场所设计的基本原则。

（1）休闲和自然相结合的原则。为迎合现代城市人因远离自然和高节奏生活带来的对大自然的憧憬心理，目前，越来越多的大型零售商场的营业场所采用了公园式布局，即使用自然色和生态布置，创造出一种富有自然气息的田园般的意境。如在商场中央开辟小型喷泉、小瀑布，放置大鱼缸、盆景等。消费者进行休闲式的购物，不仅满足了购买的需要，生活情趣还得到了提高。在休闲中购物，在购物中休闲，优雅的购物环境使人们纷至沓来。

（2）出入口的驱动原则。出入口原则指营业场所的出入口要与商场主要通道自然结合，从而形成消费流的自然循环。出入口设计得合理与否，直接影响着消费者的购买行为。合理的出入口设计能够形成消费流的自然循环，使每位进店的消费者能够有序地浏览整个商场，没有死角。而不合理的出入口设计，虽然不会影响营业场所的外观和店内环境，但由于消费者的往返会受阻，就会因感到不方便而决定以后不再光顾。

（3）主辅商品诱导原理。所谓主辅商品，是指按照一定的标准将商品划分为主要商品和辅助商品，以主要商品来诱导辅助商品的销售。划分的标准可以是商品的品牌、知名度、购买频率、消费者心理倾向及利润高低等。在每一个类别的商品中，都有主辅之分。在商品布局时要注重主辅搭配，以主带辅，使消费者在购物过程中既可看到主要商品，也可看到辅助商品，从而增加辅助商品的展示和销售机会。

2. 营业场所规划设计及心理功能。

（1）营业场所的布局方式选择及心理效应。营业场所的布局一般分为两类：格子式布局和自由流动式布局。

• **格子式布局**。它是一种十分规范的布局方式，其特点是：所有的店面设备在摆布时互成直角，构成曲径式通道。这种通道与出入口的结合，能够促使消费者形成的消费流由入口经过布满商品店面的曲径通向商店出口。比较适合超级商场、连锁商店和某些杂货商店。格子式布局对消费者的心理影响主要表现在：首先，格子式布局结构严谨规范，给消费者以整齐、有序、管理到位的印象，可以使消费者对商店产生信任感。其次，格子式布局大多用于敞开售货商店，消费者可以沿着敞开的货架自由挑选和浏览商品。这样，消费者就可以按照自己的意愿，自主选购商品，满足消费者自我实现的心理愿望。再者，格子式布局的整体投入较低，成本费用下降，相应的商品价格就会较低，从而能够吸引更为广泛的消费者，满足人们追求物美价廉的心理。另外，由于消费者在通道中形成的自然驱动力，使其在选购商品时常常有一种加速购买的心理压力，从而使其浏览和休闲的愿望大打折扣。同时还应看到，从经营角度分析，格子式布局更便于安全销售和保持商店卫生，满足消费者多种心理需求。

- **自由流动式布局。** 自由流动式布局的特点是根据商品和设备特点，形成各种不同的组合，这样既可隐蔽某些有碍视觉的缺陷，又可充分地利用空间，从而显得随意和自然。自由流动式布局主要的方式有条形、环形、马蹄形、三角形等。这类布局中，通道一般比较宽敞或在商场中央留有较大的空间，用于环境装饰。百货商场、专业商店多采用自由流动式布局。自由流动式布局对消费者的心理影响主要表现在：首先，自由流动式布局能利用装饰布局创造较好的环境气氛，对各种类型的消费者都能产生一定的吸引力，环境促销的作用十分明显。其次，由于有较大的空间，可以给消费者提供浏览和休闲的环境，既可诱发消费者的潜在需求，达成购买计划外的购物行为，又能满足消费者的购物加休闲的心理。再则，由于布局灵活性强，所以，企业可以根据消费心态和新产品的上市，适当调整布局结构，以利促销。但是，如果这种布局设计不好，会给消费者留下散乱的感受。

（2）商店通道布局方式选择。在商业场所布局中，通道布局要注意保持通道足够的宽度，以方便消费者浏览和挑选商品。同时，要根据商场结构，尽量使通道不要过长。因为，从消费者心理角度讲，迂回行走比超长的直通道对消费者更有吸引力，避免给消费者造成走不到头的感觉。自由流动式布局形成的通道一般显得弯曲迂回，给消费者灵活和随意的感觉，而采用格子式布局时通道稍窄，但也不能小于 90 厘米，否则消费者会感到不便。在通道选择布局时，还要注意：如果是进出合一的门口，要保持宽敞、通畅，以减少拥挤和堵塞，避免进出商场的消费者相互干扰。如果是进出分道的门口，则应注意店内通道的走向一定要明确，不要因通道的误导，使消费者形成回流现象。

超市通道布局

（3）其他方面布局的要求与选择。

- **收银台的设置。** 现代商场中，大多实行钱、货分离的购物形式，因此，收银台的分布也是布局中一个不可忽视的因素。通常情况下，一个中等规模的超级市场，收款的速度一般为每小时通过500～600人，如果收银台设在商场出口前，就容易出现消费者在出口前等候付款的现象，不利于销售。所以，在百货商场中，收银台应该布局在商场中央区内，且标有鲜明标志，并注意保持相对宽敞。

• **楼梯、电梯的设置。**楼梯与电梯都是商场中难以变换的固定设备，所以，楼梯、电梯一般不构成布局的主要内容。但是，使用合理与否会直接影响到消费者的购物情绪。一般情况下，商场至少应设置两处电梯，在使用中上下道分开，这样才利于消费者流的形成和循环。

• **消费者休息室、卫生间、问询处的设置。**随着社会的发展，人们更加崇尚休闲式的购物，所以商场布局中的休闲、娱乐的地方是必不可少的。尤其是在大中型商场中，在入口处附近开辟问询处是必不可少的，而一般小型商场和超级市场则以消费者休息室、卫生间为必备设施。

（4）店堂氛围营造及心理效应。商店布局应营造一种让消费者流连忘返的氛围，构成这种氛围的因素主要有：商店员工、商品、设备、声音、气味、格调、声誉以及由这些因素共同作用而产生的商店气氛。这种气氛又决定了消费者对商店的感觉和印象。

• **销售人员与店堂氛围。**营业场所中，销售人员处在众目所视的“焦点”之中，营业人员的态度、衣着与服饰直接影响着消费者在购买活动中的心理变化及对商店的综合印象，可以说，销售人员就是商店的“门脸”。销售人员的着装是否得体，是否干净整洁、是否入时，销售人员的年龄、性别与服饰及所售商品是否相宜，销售人员的精神状态是否良好等等，这些因素都与整体营销气氛紧密相连，影响着消费者对企业的认识过程。

总体上说，销售人员的着装应与购物的整体环境相适宜。一方面，销售人员的服装应该统一，以使消费者感到安全、整洁、可信赖；从另一方面来说，销售人员的着装应随着季节的变化而相应变换服饰的色彩，这样，可以通过销售人员的自我表现来反映企业的精神风貌。

从商品的角度上说，不同的商品应该选择相应的销售人员。如大件耐用家用电器选用男性营业人员的效果就比选用女服务员效果好，因为在消费者心里，这方面男性可能更懂行；金银珠宝玉器等贵重商品的销售，则选用年长的销售人员比较好，给消费者以经验老到的感觉；婴幼儿用品的销售，就应该选用女性销售人员，在国外曾有这样的实例，在生育用品商店雇用一些孕妇充当销售人员，营销效果非常好。

• **声音与店堂的气氛。**声音有积极的一面，也有消极的一面。店堂声音主要是通过音响播放音乐来实现的。但不是只要播放了音乐或音乐声越大，店堂气氛就越好。人类学家研究发现，人们在饮酒时，背景音乐的旋律越慢，人们喝酒的速度反而越快；在餐厅，放越吵闹的音乐，消费者吃东西的速度就越快，尤其是当音乐超过120分贝时。所以，在整个购物氛围中，要充分利用音响减弱噪音，提高消费者的消费冲动，营造良好的购物气氛。

• **气味与店堂的气氛。**气味如同声音一样也有积极的一面和消极的一面。店堂环境中的气味，对消费者的影响应该是正面的、积极的，因为消费者对气味的感受，会直接影响到对店堂环境的心理感受。而且，商店中的气味通常与商品相关，特别是专卖店，许多消费者是从商店中散发出的气味来判断商品质量状况的。因此，商品与其气味的协调，能够明显起到引起消费者注意、刺激消费者消费的积极作用。为此“国际香味公司”特别制作了苹果馅饼、巧克力饼干、法国油炸食品等香甜的气味，并定时在商业区林阴道上释放这些气味，以吸引过往行人购买。

当然，对各种商品所释放的气味或店铺有意释放气味的浓度，要注意与消费者嗅觉相适应，即消费者乐于接受的或能产生积极效果的气味范围。因为过强的刺激同样会使人厌恶，引起反感。

- **色彩选择与店堂的氛围**。色彩的选择应该与店堂环境、商品搭配相协调。一般情况下，绿色给人以清新、柔和、惬意之感，而且使人联想到生命、理想；红色、黄色能使人的情绪高涨，并给人以希望、激情；紫色给人以高贵、神秘感；蓝色给人以宁静感，使人联想到天空、海洋、湖泊、远山和严寒；黑色象征庄重、肃穆，会使人联想到恐怖等。有这样一个事例：某饭店老板，为招揽消费者，将饭店就餐大厅的墙壁刷成淡绿色，营造出了一个舒适优雅的店堂气氛，吸引了不少食客。但令老板苦恼的是，由于消费者留恋这种舒适的环境，进入餐厅后久久不愿离去，使餐桌的利用率大大降低。无奈，老板在“色彩问题中心”的指导下，把墙壁色彩改涂为红色与桔黄的相间色。这招果见奇效，热烈奔放的色彩，不仅增进了消费者的食欲，更促使饱食后的消费者不愿在刺激性过强的环境中久留，从而提高了餐桌的利用率。由此可见，店堂布置的色彩选择，对消费者的购物心理具有不易被人察觉的特殊心理作用。

- **灯光使用与店堂气氛**。在商店装饰布局中，灯光的作用主要在于刺激消费者的视觉，在展示店容、宣传商品、吸引消费者的注意力的同时，渲染气氛、调节情绪，为消费者创造良好的心境，增强刺激强度，激发消费者的购买情趣。因此，科学合理地配置照明及装饰光源，利用灯光的强弱、明暗对比，既可以吸引消费者的注意力，激发其购买情趣，又可使消费者在视觉舒适的环境中浏览商品，进而形成对商店购物环境的良好感觉。总体上说，装饰在店面内的灯光，应根据摆置商品的不同色调及审美要求，进行合理配置，以达到突出商品美的目的。

四、门店内部陈设与消费者心理

商品陈列是实现与消费者沟通的手段。商品不同的陈列与展示方式，会使消费者产生不同的心理反应。商品陈列的心理效应是指在商品陈列布置中，运用美学原理，以道具布景、装饰画面、人的表演等作背景，综合运用灯光、色彩和文字解说，使商品美观化、形象高雅化，从而促使消费者在美的艺术享受中激发出购买兴趣，达成购买行为。

（一）商品陈列的一般要求

商品陈列是实现与消费者沟通的手段，其直接目的是促进销售。陈列与展示方式的不同，会使消费者产生不同的心理反应。所以，商品陈列必须符合且有利于消费者购物活动的需要。

1. 商品陈列的理念性。商品陈列的理念性是指在商品陈列中所体现的生活方式和审美观念。商品陈列的过程，是培养人们健康有益的生活方式和积极的审美观念的过程。所以商品陈列应该坚决杜绝黄色的、低级趣味的和颓废的陈列宣传，体现出积极健康的理念。

2. 商品陈列的真实性。商品陈列的真实性是指陈列的商品必须与商店内销售的商品一致。并不是指陈列品本身的真假。消费者通常是通过陈列的商品来了解和选择商品的，如果陈列的商品是好的、优质的，而消费者购买到的却是不一样的，不仅会影响消费者的“最终”选择，而且会直接影响到企业的商誉。因此，商品陈列必须向消费者传递真实的商品信息，做到货样相符，使消费者看着舒心，买得放心。

3. 商品陈列的时代性。商品陈列作为一种促销方式，其基本的功能就是向消费者推荐商品，所以商店的商品陈列不论采用何种风格，都必须反映时代特征，给消费者和浏览者以充满时代气息的心理感受。

4. 商品陈列的艺术性。商品陈列应该是商品美与装饰美的结合，通过艺术手法给消费者以美的享受，使消费者在购物现场流连忘返，从而激发消费者的购买兴趣，达成购买行为。

超市商品陈列

（二）商品陈列的心理分析

商品陈列的直接目的是促进销售，商品陈列的一切方法和手段，归结起来就是应该符合消费者的心理需求。

1. 商品陈列要使消费者一目了然。能对商品的全貌形成一个整体的感觉，并能很容易地了解到如产地、规格、品牌、价格、质地等与商品相关的一些内容。

2. 商品的陈列要提供使用功能，使之成为动态广告。商品陈列是为了刺激消费者的购买欲望。因此，在商品陈列中应充分展示商品的使用功能和使用效果，让消费者在实际操作中充分了解商品。如家电类商品陈列可处于开机状态，服装类商品可以采用悬挂展开或利用真人秀展示等方式，使消费者产生真切可信的感受。

3. 对重点商品、特殊商品的陈列要新颖或引人注目。所谓重点商品，是指商店内某一时期重点销售的商品，通常指应季商品、时令商品等，重点商品与特殊商品的展示应该设专柜陈列，同时也可通过店堂广告说明或图标指示等方式引起消费者的注意。

4. 商品陈列的时间不宜过长，陈列应掌握多变少动的原则。同一商品陈列的时间过长，会使消费者产生商店经营不景气的印象。所以一种商品不论其销售如何都要经常更换，以给人生意兴隆的感觉；少动则指一种或一类商品的陈列位置要相对稳定，以方便消费者寻找。如果不断变换商品陈列的位置，不仅会使消费者在选择商品时感到不方便，而且更会令消费者产生商品混乱无序的感觉，从而降低购买欲望。因此，如果个别类别的商品确实需要更换陈列位置时，则应在相应位置做出醒目标志。

5. 商品陈列要洁净、充实、有序。商品陈列洁净、充实、有序是创造企业良好形象的重要内容，也是消费者对企业建立信任感和购物信心的基础。货架半空、商品凌乱、尘埃堆积、环境脏乱的店堂，不仅会打消消费者的购买欲望，甚至连进店浏览者也会裹足不前。

6. 把最新的材料和技术方法用于商品陈列。商品陈列应是新生活的展示，使消费者每一次走进商店都能有一种新奇的心理体验。这既体现了企业的实力，同时也标明了企业的经营范围和经营理念。因此，把最新的材料和技术方法用于商品陈列，是必不可少的手段之一。

任务三 解析销售人员门店接待心理技巧

学习情景

在销售过程中，从消费者进入商场的那一刻起，到购买商品，整个过程都需要销售人员针对消费者的购买心理进行分析，并采取正确的步骤接待消费者。销售人员必须掌握消费者进入门店后的行为和心理特点，才能采取正确的步骤和策略来完成销售任务。

学习目的

了解消费者进入商场门店后有哪些心理特点，掌握正确接待消费者的步骤以及如何对待消费者的拒绝购买；树立起销售人员分析消费者购买心理以及采取正确步骤接待消费者的意识。

基础知识与技能

了解消费者进入门店后的心理特点。作为销售人员应该掌握相应的分析技能、观察技能、沟通技能、交易技能等；具体包括：能够分析消费者进入门店后的行为和心理特点，能够以正确的步骤接待消费者。

一、店面接待心理的概念

店面接待心理，是指销售人员接待消费者的心理过程，以及个性心理的表露和支配作用。它是销售人员心理品质的集中表现，也是销售人员职业心理的实践过程。店面接待心理包括对消费者进店心理动机的观察与分析，店面接待的步骤与心理过程，充分展示商品的心理，以及正确对待消费者拒绝购买的心理准备。

店面，是销售人员履行职能的场所。店面接待的好坏和效果，既能反映出一个销售人员心理素质水平的高低，也能反映出销售人员心理与消费者心理沟通的过程。因此，柜台接待，无论是对销售人员，还是对消费者都有重要的心理影响。良好的接待，会使消费者产生一种心理满足；消费者对销售人员的尊重，同样会使销售人员产生心理满足。从营销心理学的角度来研究店面接待的心理影响，着重于销售人员如何通过接待给消费者以积极的、良好的心理影响。

二、消费者进店心理动机的观察与分析

按照心理学所揭示的规律，动机支配人的行动，而动机又产生于人的需要。消费者逛商店，总是怀有某种动机，即某种需要。人们的动机反映在市场上就体现为需求，消费者的需求是多种多样的，归纳起来，可把消费者需求分为物质需求和精神需求两大类。在这个基础上研究消费者光顾商店的心理动机，大致可分为以下三类：

（一）实现既定购买目的的消费者

实现既定购买目的的这类消费者的心理动机是购买既定的物品，满足物质需求。他们与一般进商店的消费者不同，要买哪一样东西，心中早有打算。其特点如下：进商店步伐较快，直奔各楼面，朝着所需购买商品的店面走去。购买东西时，因心中有数，有的事先已经看过，或看过多次，所以很少问这问那。销售人员接待这类消费者时不必过多介绍商品的特点、性能、规格和使用方法，消费者要什么就拿什么。成交后，替其包装整齐美观，便于携带即可。

（二）了解行情的消费者

了解行情的这类消费者进商店大多是经人介绍或受人影响慕名而来。因此他们的心理动机是感情动机、理智动机、惠顾动机的综合。其特点是：脚步较慢，有如踱方步，目光集中，对盯着的商品好象感兴趣，但犹豫不决，若有所思。产生这种现象的原因主要有：可能是被品种繁多的商品干扰，看得眼花缭乱，不知选择什么式样、什么牌号好。“箩里选花，越选越花。”可能是代别人购买，怕买得不够理想。销售人员接待这种消费者时，可用“您先看看”的招呼语言，并视其心理状态伺机向其介绍商品的特点，如所介绍的商品被吸引，就进一步了解是替谁买，若是代别人购买，销售人员就要再进一步了解使用者的性别、年龄、爱好、职业等以负责的态度帮助消费者下决心、促使其产生购买行为。但要注意，在其未下决心前，不要过早地通报商品价格，避免产生误会。

（三）浏览商品或休闲看热闹的消费者

浏览商品或休闲看热闹的这类消费者的心理动机大多是为满足精神需求而来。他们的特

点是：两三人或一家老小在一起边走边谈，指指点点，由这一店面走向那一店面，看这看那，或评论某种商品，偶而也向销售人员询问某些商品。销售人员接待这类消费者时，千万不要采取怠慢、应付的态度。因为眼前的游客，也许就是明天的消费者。从市场学的角度来考察，人的需求有现实需求和潜在需求。这部分游逛的消费者大多是潜在的需求者。因此，销售人员的接待应给这类游客留下一种良好的心理印象。

三、店面接待步骤与心理过程

店面接待步骤，是销售人员接待消费者的过程，也是销售人员职业心理和服务心理的发生、发展过程。销售人员的心理活动贯穿于接待步骤的全过程，影响到每一个步骤的进行和转换。

（一）给消费者以良好的第一印象

给消费者以良好的第一印象，是店面接待的开始，也是第一步。它是销售人员良好心理品质和销售技艺表演的开端。中国商业史上有许多“生意经”，其中一首“生意经”这样写道：“生意经，仔细听，早早起，开店门。消费者到，笑脸迎。送茶烟，献殷勤。消费者问，快笑应。待消费者，要恭敬。货与价，说得清。不怕烦，要耐心，消费者骂，莫作声。讲和气，倍小心。送货物，手要轻。”这就是最初的店面接待步骤。它揭示了一条经商的“法则”：热情周到的店面接待是赢得社会公众好评的最有效的方法。消费者来到商店不仅需要买到称心如意的商品，还希望获得体贴入微的接待和服务。大多数消费者正是在这种心理状态的支配下，对店面接待的每一个步骤产生某种心理感受，形成对商店和销售人员的印象。

心理学认为客观事物给人视觉的第一印象是形式感。人的仪表通常被称为第一印象或首要效应。销售人员要使消费者从自己身上获得良好的第一印象，即给消费者以良好的视觉印象的形式感。这种形式感，决定于体现销售人员心灵美的仪表。销售人员的仪表包括：言谈举止，表情动作，服务风格，文明修养等。中国有一句格言，叫做：“良言一句三冬暖，恶语伤人六月寒”。经商的人都知道一句口头禅：“微笑招客，和气生财。”销售人员以诚挚善意的微笑、关注清晰的语言向消费者打上一个招呼的瞬间，就会给消费者留下一种亲切的印象，这一瞬间，也许就为营销活动过程的顺利发展奠定了基础。

（二）伺机接待消费者

俗话讲，机不可失，时不再来。伺机接待消费者，就是抓住时机与消费者接触。通常是销售人员先向消费者打招呼。这是一种礼貌，也是心理沟通的必经之路。一般销售人员向消费者打招呼后，消费者多半会讲：“我先看看”之类的话。这时，销售人员总算与消费者发生了接触，结局会如何呢？销售人员应在回答：“您先看”后，再注意等待抓住与消费者答话的时机。这种时机通常有以下六种：消费者长时间地凝视某一种商品的时候；从看商品抬起头来的时候；突然止住脚步，盯着看商品的时候；用手触摸商品的时候；像在寻找什么的时候；双方碰面相视的时候。销售人员一旦捕捉到了这样的机会，就不要轻易放过，而应主动诱发消费者的购买行为。

（三）出示商品

销售人员接触消费者后，通过观察和分析消费者的购买心理，了解到消费者的购买指向后，就应及时出示商品。如消费者指定“要这个”的时候，应该回答“行”。由自己主动推荐时应加上：“您看看这个是否合适？”出示商品可采取下列方法：

做成使用状态给消费者看，如打西装领带结。除易损易污商品外，应尽量让消费者触摸商品或看清商品。充分地揭示商品的特征。多种类出示商品，让消费者挑选。从低档向高档逐档出示。出示商品时销售人员应灵活运用观察能力、判断能力，正确推测消费者的心理状态。此外，还要了解消费者购买的心理动机，是求美心理，还是求廉心理，或其他心理，以便促成消费者的购买行为。

（四）用简明有效的语言介绍商品

销售人员在掌握商品知识的基础上，应该将最能刺激消费者购买欲望的商品特征用明快、简短、有效的语言表达出来。需要介绍的商品要点是：是什么样的商品？在什么时候使用？在什么地方使用？供什么人使用？怎样使用？为什么使用？

介绍上述商品要点时，应作必要的简短具体的归纳。如销售人员可以这样介绍：“这衬衫是化纤制品，用温水洗涤后不用拧，晾干后，不烫就可以穿。”

（五）增强消费者的信任

销售人员介绍商品特点后，消费者能马上购买，这当然好。如果消费者仍然犹豫不决，就要抓住时机，采取增进信任的方法。增进信任的时机有：在消费者问题提完之后；在消费者的询问集中到一个商品的时候；在消费者默默无言，独自考虑的时候；在消费者多次反复地询问同一问题的时候；在谈话涉及商品售后服务和支付条件的时候。销售人员在抓住时机，取得消费者信任后，应立即促进成交。

（六）商品包扎

消费者选定商品决定购买后，销售人员应表示谢意，对其选择给予恰当的赞许、夸奖，增添达成交易带给双方的喜悦气氛，然后进行商品的包扎工作。包扎前应主动征求消费者对商品包扎的要求，采取适应消费者的携带习惯、使用习惯、购买目的和某些心理需要的包装方法。包扎商品要力求安全牢固、整齐美观、便于携带、快捷妥当。

（七）结算和接受货款的确认

结算和接受货款的确认，是非常重要的一步。结算后，销售人员给消费者找余款时应稳当慎重坚持货款确认的原则，避免差错，防止与消费者发生误会的冲突。这种确认的步骤是：确认所购商品的金额，应该边看标价边说：“应收您 241 元”；接受 250 元货款时，一定要如实确认：“你这是 250 元 。”向消费者交回所找的零钱应同时确认：“这是找您的 9 元。”

（八）送行

商品成交后，销售人员应向消费者道谢，并为之送行，说声：“您走好！”或再加上一句“欢迎您再光临”，这样会给消费者留下更好的印象。

四、充分展示商品的心理

店面接待的基本原则是：充分展示商品的原则。销售人员在店面接待中，要激发消费者对商品的兴趣，使商品给消费者留下较深刻的印象，就必须采用迎合消费者心理要求的商品展示方法。

商品展示，不但要能满足消费者对不同商品不同的选择要求，使之从不同的角度和方向把商品看清楚，还要有意识地诉诸于消费者的感官，激发消费者的购买心理，达到理想的展示效果。如展示服装时，要着重把式样和颜色等展示出来，并尽可能让消费者观赏其全貌；展示音响类商品时，要着重把其结构展示出来，并让消费者试听；展示食品时，要在符合卫生的前提下，着重把形状、色泽展示出来，有条件的可让消费者品尝。

在展示商品时，为了适应消费者自尊心的需要，一般应由低档向高档逐级展示，当然，展示的层次也应视商店经营的重点和消费者的心理状态灵活变动，且销售人员展示商品的语调和口气必须恰如其分，并注意以关心的、诚意的、喜悦的神态表情与动作语言相配合，以获得消费者的好感，否则，就难以达到展示商品的效果。如销售人员口里虽说：“不要紧，您随便看”，但脸上却毫无笑容，视线移到别处，表情显露烦意，消费者就感觉不到诚心诚意的印象。

五、正确对待消费者拒绝购买的心理准备

在店面接待工作中，常常会出现消费者拒绝购买的情况。当出现消费者拒绝购买的情况时，由于销售人员处理的方法不同，会产生不同的心理效应。能正确分析消费者拒绝购买的心理原因，充分考虑与照顾其情感和需求，根据其心理活动状态，采取适当的处置方法，提高说服的心理功能，就有可能促进消费者购买态度的转化，挽回接待过程中断的“危机”，变拒绝购买为实现购买。这样做，即使不能促成立即的转化，也能使消费者在轻松愉快的气氛中离去，给予服务优良的心理印象，为促进延期实现购买打下良好的心理基础，避免失去潜在的消费者，这也是店面中接待工作不可缺少的步骤和方法。

任务四
解析消费者投诉心理与处理技巧

学习情景

在销售中以及销售后，会因为各种原因而产生消费者投诉的情况。销售人员必须深入了解消费者投诉的原因和心理，采取相应的处理策略。

学习目的

通过完成本任务，了解消费者投诉的原因有哪些，掌握消费者投诉的心理，从而在实践中采取积极有效的处理投诉的策略。

基础知识与技能

了解消费者在购买活动中，产生投诉的原因和心理是什么。作为销售人员应该根据消费者投诉的具体情况掌握处理好消费者投诉的沟通技能、分析技能、观察技能等；具体包括：能够分析消费者投诉的原因，能够分析消费者投诉过程中的心理，能够采取有效的应对投诉的措施。

一、消费者投诉的原因

（一）消费者要求退换商品时，双方争执导致投诉

消费者要求退换商品是经常发生的事，现在商家对商品的退换也采取了比较宽松的态度，只要有在商店购物的凭证，商品完好无损，一般商家都予以退换货。但是，还有一些因素制约着商品的退换货制度。例如，退换商品的时间限制问题；对于商品质地保证完好的标准；消费者购买时的商品价格和退换时商品价格不一致等。由于双方认定的标准不同或缺乏统一的认定标准，都是导致矛盾冲突的导火线，特别是当消费者要求商家对自身遭受的人身伤害给予精神赔偿时更是如此。由于牵涉到双方的实际利益，因此，双方心境变化比较激烈，情绪容易波动，这种冲突的消除相对比较困难。

（二）销售人员不能正确对待消费者意见导致投诉

消费者或销售人员在购货现场情绪的好坏是引起冲突并导致投诉的一个重要因素。不论是销售人员，还是消费者，双方情绪都处于不佳状态时，就很可能形成矛盾冲突。消费者因情绪不佳而态度偏激、语气粗暴时，如果销售人员不能正确对待，双方就可能发生矛盾冲突；反之，销售人员态度不好，接待消费者不耐烦或故意怠慢，也会引起矛盾和冲突而导致投诉。

二、消费者投诉心理分析

（一）发泄心理

这类消费者在接受服务时，由于受到挫折，通常会带着怒气投诉和抱怨，把自己的怨气、抱怨发泄出来，这样消费者的忧郁或不快的心情由此会得到释放和缓解，以维持心理上的平衡。

（二）求尊重的心理

多血质型消费者的情感极为丰富，他们在接受服务过程中产生了挫折和不快，进行投诉时，总希望他的投诉是对的和有道理的，他们最希望得到的是同情、尊重和重视，并向其表示道歉和立即采取相应的措施等。

（三）补救的心理

消费者投诉的目的在于补救，补救包括财产上的补救和精神上的补救。当消费者的权益受到损害时，他们希望能够及时的得到补救。

三、销售人员处理消费者投诉的具体方法

冲突是商品销售活动中十分消极的影响因素。它不仅会影响购买行为的完成，而且还对冲突双方当事人的心理、情绪产生长久不良影响，同时，也会影响企业的服务信誉。为此，必须从多方采取措施，尽量避免或消除购买行为中的矛盾冲突，使交易过程在融洽的气氛中顺利完成。避免或消除冲突的方法有多种，以下几点可供参考：

1. 树立“消费者至上”的理念。“消费者至上”的理念早已得到企业界的广泛认同，但真正把这一理念根植于企业的服务实践中并非易事。企业应当教育员工树立“消费者第一”的思想，真正站在消费者的立场，急他们之所急，想他们之所想，坚持奉消费者为“上帝”。

2. 提高销售人员的自我修养，增强自控能力。修养是个人思想道德水准的体现，自制力是个人控制和支配自己行为的能力。对于销售人员来讲，这两者都是不可缺少的。良好的思想道德修养可以使销售人员热爱本职工作，树立端正的服务态度，并在服务过程中保持高度热情。而自制力的提高则使销售人员在面对各类消费者时都能够从容应对，处变不惊，并善于缓和紧张的局势，调节消费者的不良情绪，掌握销售服务的主动权。

3. 正确处理消费者的不同意见或反对意见。销售人员学会妥善处理消费者的不同意见或反对意见，将有助于消除购买冲突，缓和购买气氛，促进交易实现。这就需要销售人员掌握持反对意见消费者的心理特点，学会分辨消费者反对意见的性质。有些反对意见是消费者因关心商品而发出的疑问；有些则是消费者不买商品的一种借口；还有的是消费者对商品性能误解而形成的偏见，在有些情况下，还可能是消费者表现自我的一种方式。销售人员在回答消费者的反对意见前，要仔细地分析消费者是在什么情况下、处于什么心理状态时提出的意见。找到意见产生的根源，对症下药，问题就比较容易解决。

4. 要把握反驳消费者不同意见的时机。消费者提不同意见，销售人员不能怕得罪消费者而一味迎合，选择适当的时机，找恰当的词汇予以解释说明是十分必要的。有些反对意见必须马上回答，有些则不需要回答，还有的以延缓回答为宜。处理反对意见也要考虑量力而行，对于不清楚或不知道的问题不勉强回答，否则弄巧成拙，反倒失去了消费者的信任。

学习资源链接

1. 精品视频讲座推荐：《商品陈列技巧》，讲师：祝文欣。
2. 延伸阅读：

品牌传播命名的六大原则

俗话说，名正而言顺。一个好的名字是品牌成功的基础。一个好的名字可以传神地表

达品牌的特征，给你留下深刻的印象，从而节约大量的传播成本。尽管品牌命名没有固定的标准，但从全球知名品牌的成功经验和一些品牌失败的教训中，我们可以总结出品牌命名的一些基本原则，非凡之名务必遵循以下的六大命名原则：

原则一：涵义共鸣。

众所周知，品牌是主体与受众心灵的烙印，倘若品牌名称的涵义能够使他们之间产生心灵的共鸣，那么必将有助于品牌的快速成长，因此心灵共鸣是品牌命名的第一要务。像“Google”就是一个非常成功的案例，当然它的中文名“谷歌”就差远了。Google是英文单词Googol按照通常的英语拼法改写而来的。Googol是一个大数的名称，是10的100次方，表示1后面跟100个“0”，它表达的数量比宇宙所有的基本粒子的数量总和还要大。这显然满足一个充满勃勃野心的创业梦想，用创建人佩奇的话说：“我们的任务就是要对世界上的信息编组。”这其实正好满足人们从网上海量信息中自由翱翔的意愿，双方的心灵之间不产生共鸣才怪呢！即使当初只是个拼写错误，也无妨大家的共鸣。然而，它的中文名“谷歌”却难以让人共鸣，更多的中国人喜欢直接用英文Google，也影响了它在中国的成长。

原则二：简单响亮。

音节简单、发音响亮、声调起伏的名字才容易上口，便于识别和传播，让消费者的记忆深刻、经久难忘，使品牌能够脱颖而出。在中文的语境里二至四个音节是最佳的选择，超过四个音节的成功品牌可谓是凤毛麟角。像索尼—爱立信手机虽然取得了一些成功，但是不见得会有更大的前景。因为索尼—爱立信的名称极为繁琐，不易传播，建议其改用“索爱”，其与“所爱”同音。最好英文也同样简化，这可就更难了，因为它们是联合品牌的合作形式，这也决定其不仅名字不佳，而且在品牌主体存在弊端，最终难有好前景。难发音或音韵不好的字，都不宜用作品牌名称。像Google的中文名“谷歌”就不够响亮，而竞争对手的“百度”就响亮许多。一般而言，声母为“k、b”韵母为“ang，ong”等音节的词往往发音较为响亮。倘若声调能够搭配好，有起伏，就可以达到抑扬顿挫的效果。

原则三：联想正面。

正如人的名字普遍带有某种寓意一样，品牌名称也应包含与产品或企业相关的寓意，让消费者能从中得到有品牌的正面联想，进而产生对品牌的认知或偏好。相反，如果品牌命名不当，容易引起人们的反感，甚至引起法律纠纷。香港金利来（Goldlion）公司，起先它的中文译为“金狮”，而金狮在粤语中音同“甘输”，很不吉利，产品销路一直不见好。直到有一天，公司老板曾宪梓先生在拜访朋友时发觉了问题所在，才组织人员对品牌名称进行研究。但是，给品牌命名也不是件容易的事，直到有一天曾宪梓去澳门旅游，偶然发现游船是中英文混译，于是计从心来，便有了如今的“Gold”译为“金”，“Lion”译为“利来”的中文名，才有后来的辉煌。又如，Whisky是世界知名的酒类品牌，进入香港和内地，被译成“威士忌”，被认为“威严的绅士忌讳喝它”，所以绅士们自然对它有所顾忌。而 Brandy 译成“白兰地”，被认为是“洁白如雪的兰花盛开在大地上”，意境优美之极，自然绅士们更愿意喝它。

原则四：新颖独特。

新颖独特的名字才能与众不同、别具一格，打动消费者的心，让人记忆深刻。通常要求名称具有新鲜感，最好创造出新的概念来，能够迎合甚至引领时代潮流，体现品牌的独特个性，暗示品牌的某些鲜明属性，满足受众的情感需求。如“雅虎”、“搜狐”、“搜狗”、“酷儿”等都是新颖独特的好名字，出奇制胜，往往就会脱颖而出，事半功倍，甚至高人一筹。

原则五：尊重受众。

不同国家或地区的消费者因民族文化、宗教信仰、风俗习惯和语言文字等的差异，使得人们对同一名称有着截然不同的认知和联想。因此，我们要特别注意目标市场的传统风俗文化，以免在他们心中产生不悦，影响了品牌的发展。例如，在使用中文等方块字的地区甚至还要考虑名字的结构、组合和笔画等是否符合神秘的东方文化，因为有些人认同冥冥之中有种神秘的力量，虽然目前无法用科学证明，但好像又有那么一回事，总之尊重它们是绝对没有错的。在经济全球化的趋势下，品牌名称应具有世界性、符合全球通用的原则，最好能用拉丁字母的形式表达，因为只有那样才能让更多的地球人可以看得明白，才算是尊重受众。海尔就是一个可以全球通用的好例子。

“海尔”以及其英文译名“Haier”（实质就是汉语拼音）没有什么特别的意思，是个中性的词汇，可以根据各个国家的具体国情融入进去。比如在讲英文的国家，读音像 higher，意思就是更高的，正好与一首英文流行歌的歌名完全一样，因此很快就能被人接受，可谓是歪打正着。其实，“海尔”的前身叫“利勃海尔”，相比之下，后者就逊色很多，或许这也是当时改为现名的原因之一吧。同城的海信人就更胜一筹，具备了全球战略眼光，注册了“HiSense”的英文商标，它来自 highsense，是“高灵敏、高清晰”的意思，这非常符合其主要产品特性。同时，highsense 又可译为“高远的见识”，体现了品牌的远大理想。

原则六：法律保护。

再好的名字，如果不能注册，得不到法律保护，就不是真正属于自己的品牌。米勒公司（Miller）曾推出一种淡啤酒，取名为“Lite”，即淡字的英文 light 的变异，生意兴旺，其他啤酒厂纷纷仿效，也推出以“Lite”命名的淡啤酒，由于“Lite”是直接描绘某类特定产品的普通词汇，法院判决不予保护，因此，米勒公司失去了对“Lite”的商标专用权。Google 公司也曾遇到这个麻烦，幸好它在成为著名品牌之前早已注册在先，即便如此，“Googol”单词发明人家族还是把 Google 公司告上法庭诉其侵犯版权，倘若当初不是由于一时之错采用“Google”，看来还真会有麻烦。由此可见，一个品牌能否受到法律保护是多么重要。因此在命名时就应遵循相关的法律条款。品牌名称的选定首先要考虑该品牌名称是否有侵权行为，向有关部门查询是否已有相同或相近的商标被注册，如果有，则必须重新命名。其次，要注意该名称是否在允许注册的范围以内。有的名称虽然不构成侵权行为，但仍无法注册，难以得到法律的有效保护。

遵循以上的六大原则，并将有助于你事半功倍地拥有非凡之名，从而大大促进品牌的快速成长。

训练与思考

训练思考一：

1. 把班级学生分成若干小组，选择一个即将开业的商场，帮助此商场选址、招牌命名、设计橱窗。要求每位同学运用自己所学的知识，设计一个比较完整的方案。

2. 将方案设计的结果，拿到课堂上来集体讨论。

训练思考二：

案例分析讨论——为丑女人解愁的时装店

在意大利都灵市有一家很小的时装店，由于竞争激烈，濒临破产。一天，一位跛脚女士上门购衣，求购一件能适合其穿着又能掩饰其缺陷的服装。小店经理接下了这笔生意。他根据这位女士的身材进行详细的计算，设计出一种宽裤裙衫。这位跛脚女士一穿，顿觉十分漂亮，行走时由于脚跛，使这件裤裙衫摇曳生姿，不仅淡化了跛的感觉，还使她显出妩媚。这位女士高兴地说："贵店真是一家为我们消愁的奇特商店。"这家店主则灵机一动，干脆挂出了"解愁时装店"的招牌。

跛脚女士为商店当了义务宣传员，到处讲她的故事，使本来已有合适时装的消费者纷至沓来。"解愁时装店"名声大噪，专门做起特殊消费者的生意。一位来自德国的女教师，由于身材矮胖，根本无法买到合适的时装，即使买到一套能穿的衣服也显得十分别扭。她抱着试一试的态度来到商店。店主热忱地接待了她，并且为她提供了5套时装设计方案，并按她的意见修改了几次。这位女教师十分满意，一下就订做了3套时装。时装做好后，商店又帮她寄到德国。这位德国女教师特别高兴，除来信表示感谢外，还介绍了13位德国女消费者前来购衣，店主都能按她们的特型为她们制作合身的时装。

从此，"解愁时装店"便兴旺发达起来，成为一家闻名意大利的大公司，但其宗旨仍然不变。店主说："我是靠解愁起家的，更不能忘记帮我起家的需要解愁时装的消费者。”

思考：

1. 当地这家小店主为什么会接下跛脚女消费者的生意?
2. 这家小店的命名对于消费者的心理来说起到了什么样的效果?

训练思考三：

案例分析讨论——李小姐的爱好

李小姐是典型的逛街一族。她喜欢逛商场，每逢周末，只要没有其他的事情，逛街总是她的首选。她最喜欢去的商场是太平洋百货，因为她喜欢那里的风格，名牌林立，淡雅的色彩，背景舒缓的轻音乐，空气中弥散的沁人心脾的香味，售货员化了妆的青春的面容，还有许多从身边走过、打扮入时的女孩子，从她们身上，她可以轻而易举地知道今年流行什么样的鞋子，什么样的长裤，还有裙子的长短、款式，这为她如何装扮自己提供了很好的参考……她并不是每次都会买东西，但即使是闲逛，她也喜欢呆在这里，因为她觉得置身这样的环境中，就是一种享受。无论她有多疲惫，或是心情有多糟，只要一跨进商场的大门，她就会立刻精神焕发、力量倍增，连她自己也不知道这股神奇的力量从何而来。

讨论：请运用所学的理论分析李小姐为什么喜欢这家商店。

8 项目八 分析网络购物心理需求

案例导入

土老板上网找商机

原本并不起眼的深圳田贝四路，一夜之间名声大噪，一跃成为香港客户主要的五金采购基地。其原因仅仅是因为这条街的私营老板曾少如给公司做了一次网络推广。

“现在的生意越来越难做，我不得不尝试新的营销方式。”曾少如告诉记者，“目前我把大部分精力都放在网络营销上。”

原来，曾少如所在街区的五金店开得密密麻麻拥挤不堪，想要在同样水平的竞争对手中胜出，困难可以想见。

曾少如手下有8个打工仔，加上他和妻子两人，这家10人规模的五金店每月开销是1万元。也就是说，曾少如一个月的毛利润超过1万才有盈利的可能。按照五金行业10%的毛利润来算，他每个月的营业额就得上十万元。

一边是市场空间骤缩，一边是每个月账面上的支出哗哗地往外流，曾少如如坐针毡。

此时，朋友谭智给曾少如提了个醒儿：何不做一个公司的网站并开展一次网络营销？

但是，用惯了“土枪土炮”的曾少如对此一无所知，让他换脑袋又谈何容易？

但毕竟不能坐等“安乐死”，40出头的曾少如只好从头开始学习：网站是一个企业的名片，网络营销是将这张名片迅速推出去并吸引客户的综合工程。一般包括搜索引擎、发送个性化E－mail和行业网站链接，在具体操作时不同方式又有不同的技巧。

“时效性是打动我的重要原因。我决定试一试。”曾少如和谭智达成了协议：谭的创思科技免费为曾做一个网站；曾则以付费方式请谭做网络推广，并先以发送E－mail试刀。鉴于盲目群发会有垃圾邮件之嫌，所以采用有针对性的个性化发送，这也是目前最普及的方式。

此次营销针对香港地区，谭从公司资源库的16万客户中选择3.7万个，曾在其中精选了5 000个，再由谭用公司自制的软件分三次发送。

根据当时市场的行情，发送一条E－mail的费用是短信的10倍左右，也就是将近1元左右。个性化发送E－mail后的第一天，公司就接了几十个电话，并且网站的浏览量每天维持在几十人左右。重要的是，“这几十人都是潜在的客户”。

让人意想不到的是，“经过这一次推广，销售额的确有了明显的提升。来光顾的香港人增加了好几倍，也使这条街人气旺了起来。”

问题引出：网络销售与传统销售方式在满足消费者心理方面各有哪些优、劣势？

任务一
分析消费者网络购物的心理

学习情景

当今社会处于互联网的时代，很多企业的商品都进行网上销售。在企业网络销售的过程中，销售人员要深入分析网络消费者的心理需求特点，才能采取有针对性的网络销售策略。

学习目的

通过完成本任务，了解网络购物中消费者的心理需求和要求是什么，从而在网络销售中针对消费者的心理能够采取积极有效的销售方法。

基础知识与技能

了解消费者在网络购物过程中的心理需求和要求是什么。作为网络销售人员应该掌握分析消费者的网购心理需要的能力、网络沟通能力等；具体包括：能够分析网络消费者的特点和心理需求，能够根据网络消费者的心理特点进行有效的网络销售。

一、网络消费者群体的特征

1. 喜好新鲜事物，有强烈的求知欲。这些网络用户爱好广泛，无论是对新闻、股票市场还是网上娱乐都具有浓厚的兴趣，对未知的领域报以永不疲倦的好奇心。

2. 注重自我，个性化明显。由于目前网络用户多以年轻、高学历用户为主，他们拥有不同于他人的思想和喜好，有自己独立的见解和想法，对自己的判断能力也比较自负。所以他们的具体要求越来越独特，而且变化多端，个性化越来越明显。因此，从事网络营销的企业应想办法满足其独特的需求，尊重用户的意见和建议，而不是用大众化的标准来寻找大批的消费者。

3. 头脑冷静，擅长理性分析。由于网络用户是以大城市、高学历的年轻人为主，不会轻易受舆论左右，对各种产品宣传有较强的分析判断能力，因此从事网络营销的企业应该加强信息的组织和管理，加强企业自身文化的建设，以诚信待人。

4. 搜索信息缺乏耐心。因为网络用户以年轻人为主，因而比较缺乏耐心，当他们搜索信息时，经常比较注重搜索所花费的时间，如果连接、传输的速度比较慢的话，他们一般会马上离开这个站点。

二、消费者的网络购物需求特征

1. 个性需求突出。在计算机网络交织的世界中，消费者进行产品选择的范围全球化、产品的设计多样化，消费者开始制定自己的消费准则，每一个消费者都是一个细小的消费市场，个性化消费成为消费的主流。

2. 需求差异明显。网络消费者来自世界各地，有不同的国别、民族、信仰和生活习惯，产生明显的需求差异性。

3. 主动性增强。在社会分工日益细化和专业化的趋势下，消费者对消费的风险感随着选择的增多而上升。在许多大额或高档的消费中，消费者往往会主动通过各种可能的渠道获取与商品有关的信息，并进行分析和比较。

4. 需求理性化。网络营销系统巨大的信息处理能力，为消费者挑选商品提供了前所未有的选择空间。消费者会利用在网上得到的信息对商品进行反复比较。

5. 关注价格。价格低不是决定消费者购买的唯一因素，但却是消费者购买商品时肯定要考虑的因素。消费者可以通过网络联合起来向厂商讨价还价，产品的定价逐步由企业定价转变为消费者引导定价。

三、消费者对网络购物的心理要求

（一）追求廉价的心理

价格是消费者购物时考虑的重要因素。同样的商品价格越低，销售量也越大。网络购物具有生命力的重要因素就是价格普遍低廉。相对传统购物模式而言，网购可以实现更低成交价格主要原因在于：

1. 相对传统商店，网店不需要固定场地展示商品，节省了场地费用。也减少消费者因直接接触商品而导致商品的磨损、损坏、遗失等风险。

2. 网络销售没有库存压力。网上商店的销售模式是先获取订单，然后支付商品。部分网店有自己的仓库，有的网店甚至直接与上游供货商达成供货协议，无需自行利用仓储设施来存储待售商品。没有库存压力，也减少了资金周转问题。甚至消费者直接向生产者订货，减少中间环节。所有这些都会直接反映在价格上，使消费者受益。

3. 网络商店人工成本较低。传统商店部门齐全，岗位众多，需要大量的管理员、销售员、收银员、清洁工等，这些都大大增加了商品的成本。而网络商店对服务人员总量需求较低。

（二）图方便的消费心理

网络购物具有得天独厚的便捷性，网络商城每时每刻都在为客户提供咨询、购物、配送等服务。在地球上任何角落的人，只要拥有联网的电脑（或者具有上网功能的手机）、浏览器和银行卡（或其他支付账户），足不出户就能通过网络平台在全球范围购买各种商品。

1. 购物时间与地点的便利。对于惜时如金的现代人来说，在购物中方便、快捷、随手显得更为重要。传统购物过程短则几分钟，长则几小时，再加上往返路途的时间，消耗了消费者大量的时间、精力，甚至不少消费者可能因没有足够时间而无法上街购物。随着电脑网络的介入，一切变得很简单：不需要移动脚步就可以在淘宝、阿里巴巴等网站上看到各地的物品；不用担心下班太晚店铺关门，在网上随时都可以选购。即使店主或客服休息了，你仍然可以拍下货物进行支付，店家看到订单会主动发货。不会交通堵塞，不需要排队等候。网络商店 24 小时营业和依据消费者约定地点送货的优势，更好地满足了消费者要求。

2. 获取信息的便利。在多数情况下，做出购物决定前，消费者总是先搜集一定的信息进行分析后，再做出购买决定。信息搜集渠道主要有两个，一个是靠消费者自身经验和记忆；另一个是从外界获取信息。随着科技进步，人们对外部渠道信息的依赖越来越大。而网络购物则将这一信息搜集、分析、处理过程便利化，因为商家们会想尽办法让网站充满着与产品有关的资讯。

网络为新的购物模式提供了即时、开放、全面的信息，可为消费者展现翔实、丰富的商品信息，充分展示商品性能，很好地弥补了普通零售店的店面空间限制。一方面网上商店在销售时充分利用了电子数据的特色，图片、配置、参数、性能、库存数，甚至声音、动画、影像；另一方面消费者可以与世界各个地方的网络用户互动，从而使获取的信息更为全面具体、实时有效。

3. 支付方式与手段的便捷。网络购物的支付手段多样。支付手段包括“自己提货”、“货到付款”、“电子支付”等。“自己提货”为近距离的买家节约费用；“货到付款”打消消费者对产品和卖家的顾虑；“电子支付”则对供求双方利益都有所保障，成为重要的支付手段。目前我国已有支付宝、财付通、易趣、易宝支付、百付宝、汇付天下、网银在线等数十家在线支付平台。

第三方支付平台因其服务功能的完善越来越受到人们的青睐，大量的网上交易通过第三方支付平台完成，安全又快捷。当然网上支付还有两个问题需要引起重视，一个是支付安全，一个是消费者个人信息安全。

（三）躲避干扰的消费心理

现代消费者在购物过程中，更加注重精神的愉悦、个体喜好的实现、情感的满足等高层次的需要，消费者希望在购物中能随便看、随便选，保持心理状态的轻松、自由，最大程度得到自尊心理的满足。在网购的时候，消费者可以在众多的网络商店中尽情地漫步，细细欣赏各家商店不同产品的精美图片，慢慢查看各项性能，寻找最令自己满意的商品和价格。甚至还同时打开其他网上购物店铺的页面进行比较，自由地选择关闭掉网页。消费者能够在安静、独立的环境中完成相关信息的搜集、比较、选择、决策的全过程，真正体会到做上帝的感觉。

（四）追求时尚的消费心理

网络购物是一种新的购物方式，追求时髦和新奇生活方式的消费者就会尝试这种购物方式。网络购物不仅是一种消费模式，更是一种时尚标签。在购物过程中体验新的购物方式所带来的新鲜感和刺激感，同时显示自己是一个跟得上时代潮流的人。

任务二
分析消费者网络购物的行为

学习情景

在消费者网络购物的过程中，存在特定的网络购物行为特点和购买过程。在企业网络销售的过程中，销售人员要深入分析网络消费者的行为特点，掌握消费者网络购物的购买过程，才能采取有效的网络销售策略。

学习目的

通过完成本任务，了解网络购物中消费者的行为特点有哪些，掌握消费者网络购物的购买过程，从而在网络销售中能够采取积极有效的销售策略。

基础知识与技能

了解消费者在网络购物过程中的行为特点和购买过程。作为网络销售人员应该掌握网络销售中的心理分析技能、网络沟通能力、网络销售技能等；具体包括：能够分析网络消费者的行为特点和购买过程，能够根据上述特点采取相应的销售策略。

一、消费者网络购物行为特征

（一）个性化购物行为明显

网络消费最大的特点在于以消费者为主导，消费者获得了比以往在任何商店购物时更大的选择自由，并且根据自己的个性特点和需求可以不受地域限制，跨区域、跨国度在全球范围内浏览商品、挑选商品、购买商品。通过进入感兴趣的企业网址或虚拟商店，消费者可以获取更多的有关信息和组合，使购物更显个性。

（二）消费主动性凸显

网络消费没有时间限制，没有地域分隔，消费者可以利用电脑随时浏览众多的网上虚拟商店。网上商店一般对出售商品都配有照片和文字介绍，标明售价，能让消费者更为直接和直观全面地了解商品性状、颜色、价格及商品品质，商家所有的商品信息都反映在网页上，能使消费者了解商品，更能够精心挑选和货比三家，对于惜时如金的现代人来说，即时、便利、随手可得显得更为重要。

（三）消费活动互动性增强

互联网是一种多对多的交流方式，所有人都可以参与其中。如今，大多数人在做购买选择时只会依赖两个渠道：网上搜索以及询问他们的社交网络。在互联网上消费者可以通过移动电话、博客、论坛、社交网络发表评论，分享信息。到互联网的虚拟商店浏览和购物，可以替代部分人际互动关系，减轻孤独感。

二、影响消费者网络购买决策的因素

（一）社会文化因素

社会文化对社会成员有很大的影响，一个人总是要在一定的社会条件下生活，或多或少都要受到来自社会群体和自身文化背景的影响。社会文化是人们在实践中不断积累起来的，有很大的稳定性，因此不同的价值观念会影响消费者商品的不同选择标准。所以消费者在购买决策时，总会站在自己的社会文化背景下，依据自己的社会角色来选择商品。

（二）个体因素

1. 心理因素。刚开始的阶段，消费者上网，往往只是为了发现信息，而不用做出决策，用户在迅速浏览过一个网站后继续浏览其他网站。随后的阶段网上冲浪者与网站之间通过查看图表介绍，可能有互动行为。第三个阶段在网站购物的意愿与无意在网站购物的倾向，决定着最终的购买决策的形成。对于很多网上消费者来说，网购满足了消费者实现便捷购物的心理，但是对交易的安全程度、商品质量的怀疑、货物配送的不信任会造成消费者警惕或者拒绝的心理。

2. 消费者的受教育水平。一般来说，受教育程度越高，就越容易接受网上购物这种模式，网上购物的频率也会越高。对网络的认识也会影响到消费者的购买决策。当消费者对网络的认识处于一个比较低的水平时，发生网购的行为也会比较低，因为其对网络可能还心存恐惧；随着对网络应用的逐渐熟练，恐惧心理会慢慢消除。

（三）网络消费者感知风险

感知风险是在产品购买过程中，消费者因无法预料其购买结果的优劣以及由此导致的后果而产生的一种不确定感觉。在产品购买过程中会有很多风险，有的会被感知，有的则无法感知，有的则被夸大，因此可能和实际风险并不一致。在最初的需求唤起阶段，消费者能感受到的风险是因为没有解决问题的手段或者不存在可以利用的产品进而考虑哪种产品可以满足自己；在购买决策阶段，面临的最主要风险是财务风险，即支付方式的安全性，以及交易所能带来的各种风险。

（四）网络口碑

口碑是消费者之间关于购买某种服务或者产品的面对面的非正式的沟通。传统口碑是消费者的社会网络，但是网络口碑则是将经验建议等通过网络空间传播而形成的。在网络环境中，人员多为匿名，因此人际关系强度不如传统口碑，但网络口碑有客观事实型和主观评价型，主观评价型往往对消费者购买决策影响更大；网络口碑有正面的也有负面的，负面的口碑对于消费者购买决策的影响明显高于正面，网络口碑会通过影响消费者的态度、认知从而改变消费者的购买决策。

三、消费者网络购物的购买过程

网络消费者的购买过程，也就是网络消费者购买行为形成和实现的过程。网络消费者的购买过程可以粗略地分为唤起需求、搜集信息、比较选择、购买决策和购后评价五个阶段：

（一）唤起需求

唤起需求是网络消费决策的起点，一般当网络消费者不满足已有商品时，就会有新的购买欲望。传统的购买需求一般是内外因素刺激产生的，但是对于网络消费者，需求的唤起只有靠视觉和听觉，因为这个时候，购买者对网络的浏览往往是随意性的，没有特定目的，如何抓住消费者的兴趣点，这无疑就增加了网络营销的难度。这要求从事网络营销的企业或中介商注意了解与自己产品有关的实际需求和潜在需求，了解这些需求在不同时间的不同程度，了解这些需求是由哪些刺激因素诱发的，进而巧妙地设计促销手段去吸引更多的消费者浏览网页，诱导他们的需求欲望。

（二）搜集信息

在购买过程中，搜集信息的渠道主要有内部渠道和外部渠道。内部渠道是指消费者个人所储存、保留的市场信息，包括购买商品的实际经验、对市场的观察以及个人购买活动的记忆等；外部渠道则是指消费者可以从外界搜集信息的通道，包括个人渠道、商业渠道和公共渠道等。

在确定需求的情况下，消费者会试图在既定的信息领域内寻找到符合其需要的信息，而这些搜集到的参考信息有助于增进消费者对购买目标的了解。在传统模式下，消费者要花大量的时间来搜集信息，并且搜集到的信息也十分有限，但是在网络环境下，信息搜集就比较方便快捷，可以突破时间和空间的限制。消费者可以经常访问多个信息源，而搜索兴趣的转移依赖于产品信息特征的变化。

（三）比较选择

消费者对各条渠道汇集而来的资料进行比较、分析、研究，了解各种商品的特点和性能，从中选择最为满意的。一般说来，消费者的综合评价主要考虑产品的功能、可靠性、性能、样式、价格和售后服务等。

传统的购买模式下，消费者可以通过对实体的直接接触来进行；而在网络上，消费者要在大量网络信息中选择特定产品的信息，对浏览过的信息作取舍，对决策有帮助的信息进行保留，而且产品的负面评价所产生的效用往往要大于正面评价的效用。

（四）购买决策

网络消费者在完成了对商品的比较选择之后，便进入购买决策阶段。与传统的购买方式相比，网络购买者的购买决策有许多独特的特点。首先，网络购买者理智动机所占比重较大，而感情动机的比重较小。其次，网络购买受外界影响较小，大部分的购买决策是自己做出的或是与家人商量后做出的。再次，网上购物的决策行为较之传统的购买决策要快得多。

（五）购后评价

消费者购买商品后，往往通过使用，对自己的购买选择进行检验和反省，重新考虑这种购买是否正确，效用是否理想，以及服务是否周到等问题；这种购后评价往往决定了消费者今后的购买动向。在网络上，购后评价的影响力远远高于传统的购物模式，是因为网络口碑对消费者购买决策的影响相比传统模式，具有波及范围更大、传播速度更快等特点。由于网络的匿名性、非面对面地接触、沟通成本低廉等因素使消费者能毫无顾虑地发表自己的真实想法和意见，更主动地吐露出不满和抱怨。

为了提高企业的竞争力，最大限度地占领市场，企业必须虚心倾听消费者反馈的意见和建议，迅速找出工作中的缺陷和不足，及时了解消费者的意见和建议，随时改进自己的产品性能和售后服务。

四、网络销售心理策略

（一）努力提供个性化的产品和服务

个性化服务，也叫定制服务，就是按消费者的要求提供特定服务，网络空间聚集着无数企业站点，使消费者有充裕的选择空间；网络获取信息的便捷性，使消费者能方便地要求企业量身定制产品。互联网被设计成可以传输多种信息（如文字、声音、图像等信息）的媒体，使得为达成交易进行的信息交换能以多种形式存在和交换，可以充分发挥营销人员的创造性和能动性。企业通过运用个性化的 E－mail 网页的欢迎信、对消费者兴趣的追踪等与消费者建立亲密友好的联系，创建个性化的销售信息，记住消费者的喜好；借助互联网，迅速获取关于产品概念和广告效果测试的反馈信息，对消费者行为进行跟踪，进而为消费者提供不同的产品和服务；利用互联网的一对一和交互式功能加强与消费者之间的沟通，了解消费者需求及其变化，提供附加值高的信息，引导消费者在网上参与产品设计，共同创造和满足个性化需求。

（二）重视开展互动式营销

企业进行网络营销的最终目的，除了希望挖掘更多的潜在客户即网上交易的消费者，同时也希望更有效地提升企业自身的形象和销售业绩。网络营销区别于传统营销的最显著特点是网络的互动性。企业通过电子布告栏、线上讨论区、网上虚拟社区、E-mail 营销、博客营销等模式，以极低成本在营销的全过程中对消费者进行及时的信息传播。消费者则有机会对从产品设计到定价和服务等一系列问题发表意见。卖方可以随时随地与买方互动式地进行交易，而买方也可以以一种新的方式与卖方互动交流，且这种交流是双向的。这种双向互动的沟通方式提高了消费者的参与性和积极性，更重要的是它能使企业的营销决策有的放矢，从根本上提高消费者满意度。

（三）优化配送，满足价格重视型消费者的需求

网络购物不受节假日或营业时间限制，消费者可随时查询所需的产品和服务。查询和购物过程需时极短，程序简便快捷。在一些选购品或有特殊性的商品购买中这种优势更为突出。客户下订单、付款后，将商品发送给客户是网上购物中另一重要组成部分。网络营销中的产品分为可以直接在网上传送的商品和实体产品两种，前者如图像、软件、咨询服务等可通过网络直接传送，但对于实体产品，仍要借助于传统的送货方式。消费者选择网上购物时其中一个不便之处是需要等待一段时间才能拿到自己的物品。因此，不断优化配送以保证商品在最短的时间内由最近的分销网点送到消费者手中，也是提高消费者满意度的一个重要方面。

学习资源链接

1. 精品视频讲座推荐：《销售人员的十堂专业必修课》，讲师：杜继南。
2. 延伸阅读

“网购盛宴”演绎服务业之变

当众多电商和无数网民在“双 11”彻夜不眠盯着屏幕“狂欢”时，这一购物盛宴正在给中国的网络经济带来深远影响。“双 11”释放的巨大效应，不仅掀起新经济、新的商业模式对传统商业模式的挑战，更重要的是其折射出电子商务与实体经济融合发展的新变化，将推动传统行业加快转型升级。

11 月 12 日零点，杭州阿里巴巴西溪园区媒体数据直播中心大屏幕上的成交额数值最终定格在 350.19 亿元。这 350 亿元形成的，是 1.5 亿个飞往各地的包裹。“双 11”已经轻而易举地成为全球规模最大的网购节日。

“逆天”的购买力

350 亿元，网购消费者巨大的消费热情和消费能力通过一张张订单释放出来。

卖疯了！

11 月 11 日的第 68 秒，杭州阿里巴巴西溪园区媒体数据直播中心爆发出一阵惊呼。

116 896 436 元！大屏幕第一次更新出的“双 11”支付宝总成交金额令人震惊。

但这只是这场全民网购盛宴的开始。此后我国网购单日的一系列纪录被不断刷新。尽管阿里巴巴董事局主席马云此前表示，希望今年“双 11”成交额控制在 300 亿元，但在 21 点 20 分，成交金额就突破了这个数字。

特地赶来杭州“观战”的小米科技公关总监刘飞几乎不敢相信总部传来的数据：11 日零点 30 分，小米手机开售，3 分钟后，小米单店支付宝成交额过亿元，成为天猫首个成交额过亿元的实物商家；8 分钟后，成交额突破 2 亿元。截至中午 12 点，仅小米 3TD 版手机单款商品销量已达到 2.3 亿元。

卖得最快的是小米，单品价格最高的则是佐卡伊旗舰店于上午 10 点 47 分售出的一颗 13.33 克拉的大钻石。像小米和佐卡伊一样迎来潮水般订单的还有众多商家。“双 11”的前 3 分钟，GXG、杰克琼斯、太平鸟的成交额就突破千万元。凌晨 1 点，服装类目成交额 33.4 亿元。去年“双 11”，总共只有 3 个店铺成交量过亿元，今年截至 20 点 30 分，已有小米、国华人寿、海尔、优衣库、生命人寿官方旗舰店等 14 家店铺挺进“亿元俱乐部”。

网购消费者巨大的消费热情和消费能力正通过这些订单释放出来。截至 11 日上午 10:30 分，奶粉销售破 50 万罐，成交过亿元，可以供全国两个月大的新生儿食用一个星期。纸尿裤销出 6 600 万片，以一片吸水量 1 000 毫升计算，大概能吸干 6 个西湖。

不再是天猫淘宝的“独角戏”

越来越多的电商在“双 11”这一平台上崭露头角，整个电商的商业基础体系在“大考”中实现转型升级。

“阿里搭台，大家唱戏”，“双 11”真正成为电商行业的“全家福”。

来自第三方电商导购平台惠惠网的数据显示，截至 11 日中午 12 点，包括京东、易迅、唯品会、1 号商城等在内的电商平台流量增长与前日相比都近乎翻番。

来自易迅网的数据显示，截至 11 日 16 时，易迅网下单笔数近 35 万，下单金额超过 2.84 亿元，预计全天的订单数目将达到 45 万单至 50 万单，单日销售金额将达到 3.6 亿元至 4 亿元的历史最高值，相比去年“双 11”暴增 4 倍。

此外，垂直类网站也在“双 11”促销中第一次崭露头角。记者 11 日下午 4 点电话联系汽车之家副总裁马刚，他笑称，“我们的客单价是 15 万元每辆，远超天猫啊。”垂直汽车网站汽车之家今年第一次与汽车厂商联手参与“双 11”。截至 16 点 40 分，汽车之家共在线上卖出 13 448 辆汽车，总销售额达到 20.02 亿元，仅在北京市就卖出 1 442 辆。

从 2009 年到 2013 年，天猫淘宝“双 11”的成交金额分别为 5 200 万元、9.36 亿元、52 亿元、191 亿元和 350 亿元，成为名副其实的爆发式增长。而庞大的数字也在考验着支付、物流、售后等一系列支撑体系，尽管这场“大考”他们的成绩还未知，但根据市场研究机构中国电子商务研究中心分析师方盈芝的说法，“双 11”正在成为倒逼行业提升的关键节点，通过“双 11”，整个电商的商业基础体系正在实现转型升级。

网购模式加速渗透传统行业

传统企业已开始将网络购物视为正常营销的渠道之一，而非倾倒库存的“下水道”。

但这些令人眼花缭乱的数字和一句“太能买了”并不足以形容这350亿元背后蕴含的变化。

这些变化中，有传统企业对网购态度的转变。去年“双11”，销售额排名前10的店铺中，服装纺织企业占据7席，其中6家为线下品牌，它们的销量多半来自于低价清理过高的库存。但今年“双11”截至20点，排名前10的实物店铺中服装纺织企业上升到8家，其中出现了茵曼、阿卡、韩都衣舍3家互联网品牌，线下企业的促销项目也多半为当季新款。传统企业已开始将网络购物视为正常营销的渠道之一，而非倾倒库存的“下水道’。

这些变化中，也有传统企业对网购销售方式的熟悉，截至当日20点，在单品销售前10的商品中，挂有“预售”方式销售的商品有3件。消费者先交订金，“双11”当天付全款的“预售”模式在去年“试水”后，今年被线下品牌广泛使用，对于他们来说，这种模式能够更精准地对供应链进行控制，从而大大降低生产成本。

为350亿元做出贡献的还有“新面孔”：第一次加入“双11”促销的旅游服务业和传统金融保险业。各大酒店集团和航空公司在半天的销售时间中贡献出超过6万间夜的酒店预售和4万张机票。而在理财产品方面，截至11日中午12点，理财产品支付宝总成交金额达5.55亿元。易方达1.18亿元基金产品半天售罄，易方达基金互联网金融部总经理廖智告诉本报记者，传统基金公司在互联网上卖基金刚刚开始，还需要不断去了解客户群体的特征，摸索服务他们的方法。

资料来源：《经济日报》，2013年11月12日第5版。

训练与思考

训练思考一：

1. 组织学生在淘宝、当当等网站购物一次，体验网络购物流程。
2. 在课堂中，组织学生进行网购经验交流。

训练思考二：

案例分析讨论——日本资生堂的客户关系管理

从1996年2月起，日本资生堂积极导入与POS（商品销售点信息管理系统）互相联动的消费者管理体系“SCOPE2”，以强化对零售业的支援。从资生堂的转变可以看到下一世纪名牌商品的竞争实力，将由制造及研究实力转变成信息实力的必然趋势。1989年资生堂曾实施过这套系统。经改革过的新品种，其效率比过去提升，无论是各零售店所能管理的会员数或是可登录的商品数量，都比过去扩张2倍之多。处理速度也比过去高出2至5倍，资生堂之所以积极导入这项系统，在于各品牌化妆品的价格竞争战愈来愈激烈，资生堂希望通过强化信息管理，使所有的各店显出特色。

位于东京江东区的一家资生堂化妆品专卖店，运用这套系统对消费者进行了有效分析。例如，对过去一年间消费的金额达到3万日元以上者进行检索，发现其中有259人属于会员。进入1996年来，其中未曾来店购物者，经检索之后有37人。将这些人的住址印出来后，可立即完成广告传单。一旦有新的商品出现，立即可以找出对于那一类商品有偏好的品牌忠诚者。另外，还可寄生日卡，以进一步掌握会员的有关信息。整体而言，SCOPE2具有两大机能：一是通过POS可以使下单及接单者之间进行网络连线，进而对商品进行管理；二是什么消费者在什么时候购买了什么商品，一切均可以纳入资料库里进行管理，而后再以POS的资料为基础，可以进行更精密的商品需求预测。因此，各家零售店除了设有基本的POS收银机之外，还设有对消费者进行管理的电脑系统以及印表机。商品的销售信息再与POS的收银机相连接，储存到个人电脑网络里，零售店通过通信网络，将下单的信息传到资生堂设于各地的物流中心。资生堂通过这套系统来配送商品及对于未来的商品需求进行预测。

目前，该公司通过这套系统所管理的会员数高达1万人，涵盖了9家公司3万项商品。另外，该公司每个月一次，将自己所收集到的信息反馈给零售店今后通过内部网络连线，彼此可以接收到各种信息，使得总公司对于各销售店的支援效果及能力得以进一步提高。

当今，如何以最有效的方法，了解消费者的需求，进而根据消费者的需求，以最短的时限、最低的成本开发出消费者真正所需的商品，成为一项商品研究开发成功与否的关键。现代信息技术对于企业市场销售管理的重要作用，由此便可略见一斑。

随着电子商务的出现与应用，使得当今世界的顶尖公司面临着不断的竞争压力。为了处于竞争的前沿，各大公司越来越关注他们的客户，并将其作为一种保护未来竞争优势的途径。在过去的几年中，新的理念（如“客户对象”，“客户资产管理”和“1∶1市场”）已经引起了很多公司的注意，他们发现在业务增长中客户是至关重要的成功因素。每个客户的价值及建立与这些客户的个人关系的价值都使得客户关系方面的管理成为全球会议室中的第一话题。公司为了保证的领先地位，势必要致力于有效的客户管理。

思考：

1. 日本资生堂如何利用现代信息技术进行销售管理？
2. 如何利用互联网进行客户关系管理？如何利用互联网分析消费者心理？

9 项目九 培养销售人员的职业心理

案例导入

IBM——最佳服务的象征

服务是 IBM 一项非常大的收益来源。IBM 首创了“销售和服务是营销功能中不可分离的两部分”的经营思想，它成功的优势主要得益于无懈可击的服务策略。IBM 专门选用表现优异的业务人员担任 3 年的主管助理，他只负责一项工作：务必在 24 小时内解决任何消费者的抱怨或疑难。

一次，某公司资料处理中心的计算机出了故障，为了排除故障，IBM 很快从世界各地请来 8 位专家，其中 4 位来自欧洲，2 位来自本地，一位来自加拿大，一位从拉丁美洲赶来，迅速排除了故障，被消费者称道为“集体服务”。

IBM 的总裁对“服务”作了非常妥帖的剖析：“随着时间的积累，良好的服务几乎已成为 IBM 公司的象征……多年以前，我们登了一则广告，用一目了然的粗体字写着：‘国际商用机器公司就是最佳服务的象征。’我始终认为，这是我们有史以来最佳的广告，因为它很清楚地表达出 IBM 公司真正的经营理念——我们要提供世界上最好的服务。”

IBM 并非专业的搬家公司，当一个大消费者决定搬迁时，IBM 公司的服务人员总是尽心尽力地帮助消费者。当麦道自动化公司把其设在圣路易的总部搬进一座 7 层大楼时，为重新安装麦道公司的电脑系统，IBM 公司的 24 名服务人员分为 8 人一组，每天 24 小时不停地工作，用最快的时间完成了这项巨大的系统连接工作。

为了把阿可公司的石油和天然气分部的数据处理中心从达拉斯搬到大约 20 英里外的普拉诺，IBM 提前花了 18 个月来制订行动计划。公司用电脑对搬迁进行规划、管理与控制，把细节分为 4 000 项工作，准确到每分钟做什么、每辆汽车运什么及日程安排、运到后如何处理等等。为了使阿可公司的 1 500 个计算机用户在搬迁期内能最大限度地使用电脑系统，IBM 服务人员把搬迁分散在几个月内的周末和假日中进行，确保在搬迁期内仍有 55 个以上的机构能继续使用该电脑系统。这些安排使阿可公司的业务基本上没有受到这次搬迁的影响。

IBM 公司还在全美各地设立应用产品和技术营销中心来强化服务。中心举办讨论会、产品演示和商用系统规划课程。IBM 专家培训消费者，使他们获得最大限度地使用产品的资料。

IBM 公司的成功还来自于不懈努力工作的服务人员及其英雄行为。一位在菲尼斯工作的女服务人员驾车赶往顿普，为消费者急送一个小零件，消费者需要它来恢复失灵的数据中心的存储功能，但是瓢泼大雨使公路交通几乎瘫痪，汽车头尾相接，使原来 25 分钟的行程变成要花 4 小时才行。这位女服务员决心不让消费者失去这一个下午的宝贵时间，她想起来车上还有一双旱冰鞋，于是抛下汽车，穿上旱冰鞋冒着大雨滑行而去，为消费者很快地送上了急需的零件，使消费者深受感动。有一次，费城信赖保险公司的机房突然起火，IBM 分区经理在 5 时就得知失火，但直到 8:30，警方才准许检查受损情况，检查后发现，所有的导线都被烧化，20 个键盘、10 个驱动器、5 个通信系统和 18 个输入设备受到损害，这位分区经理立即调来各个服务小组，24 小时不停顿地抢修，连续 3 天不间断地工作，使信赖保险公司尽快恢复了正常工作。

问题引出：作为 IBM 的销售与服务人员，应当具备哪些方面的素质才能做到“提供世界上最好的服务”？

任务一
认知销售人员职业心理

学习情景

在销售过程中，销售人员的作用非常重要，因此销售人员心理素质的高低，直接影响销售的效果。销售人员在销售过程中必须对自我的心理有正确的认知，才能做好销售工作。

学习目的

了解销售人员存在哪些心理表现及心理素质要求，树立起加强自己销售心理素质的意识。

基础知识与技能

了解销售人员作为一个社会人所具有的心理表现。作为销售人员应该掌握哪些基本的岗位技能，包括分析自我、观察自我的能力等；具体包括：能够对自我的职业心理有正确的认知，能够在日常工作中提升与加强自己的销售心理素质。

一、销售人员的概念

销售人员是从事商业、服务业、交通运输业等营利性部门经营业务的售货员、服务员、收购员和店员等人员的统称。商品的销售，主要是通过销售人员的技术性劳动和服务性劳动实现的。生存竞争，是人类社会发展的永无休止的主题。千百万销售人员站在商品竞争的前哨，他们是有效地提高竞争质量的权威，他们的素质状况如何，即心理素质如何，决定着能否用自己的奉献换取最大利益的价值观念。

二、销售人员心理的界定

销售人员心理，有广义和狭义之分。广义是指销售人员的头脑对商业贸易活动这一客观事物的主观能动反映，以及由此引起的一切心理活动；狭义是指销售人员在商品销售过程中，接待消费者时所产生的心理活动，它包括销售人员的心理过程、心理状态和个性心理，以及心理品质在接待消费者过程中的表露和作用。

销售人员作为社会人，在心理上同其他任何社会人是一样的。人是有血有肉、有思想、有感情的。人有各种需要、各种感情，而这些需要和感情极其复杂多样，容纳于一体之内，或相辅相成，或相反相成；或此消彼长，或此长彼消，变化微妙。销售人员处于复杂而活跃的商品交易的环境中，一方面与各种各样的消费者保持着密切的交往，随时感受到五光十色的社会消费现象，另一方面又受到社会环境、团体环境、家庭环境的影响。这些影响必然会触动销售人员的心理活动，产生各种心理状态，如注意、分心、好奇、困惑、怀疑、喜悦、活跃、消沉、冷淡、忧伤、悲愤、恐惧、惊讶、镇定、紧张、犹豫、果断等。这些因素必然会波及到销售人员在营销活动时的心理和行为。在商品竞争的沉浮中要求得企业的生存与发展，有赖于销售人员的心理健康，或称为心理卫生。要保证销售人员的心理健康，又在于销售人员心理品质的培养。

三、销售人员的心理素质

销售人员的心理素质的高低好坏，是创造新的营销风度、做好商品销售工作的基础。市场经济最显著的特征之一就是自由竞争。在商品竞争的表面形式下，蕴含着人与人的竞争，说到底是一场人与人的素质的较量。销售人员肩负着把商品最终销售出去或提供服务、满足消费者的生活需要和心理需要，并实现其商品价值的任务。销售人员能否完成这一任务，与其心理状态关系极大，一个有着良好心理素质的销售人员，一定能把商品营销工作做得有声有色，在激烈的竞争中力争企业的生存和发展。

一个人的心理素质，决定其心理品质。构成销售人员心理品质的要素是：情感品质、意志品质、能力品质。心理品质构成要素是否健全，直接影响销售人员的素质。良好的心理品质，能使销售人员保持正常的心理状态，在纷繁复杂的营销活动中智力正常，情绪健全，行动协调，反应适度，具有熟练的销售技能、丰富的商品业务知识和良好服务态度的销售人员，将成为新商品经济时代的杰出角色，创造出新的营销风度，把掺杂着“粗野成分”的商品竞争推向文明竞争的新境界。

任务二
掌握销售人员职业心理的基本要素

学习情景

在销售过程中，消费者也会遇到具有在情感、意志、能力方面各不相同的销售人员。比如，有的销售人员自控力较强，而有的则较弱，这样面对不同的消费者也会产生不同的销售效果。销售人员必须掌握和控制自身的各项心理要素，才能实现最佳的销售效果。

学习目的

了解销售人员具有哪些不同的情感、意志、能力品质，树立起对自己在这几方面的职业心理要素进行剖析的意识，从而实现更有效的销售。

基础知识与技能

了解销售人员作为一个社会人在情感、意志、能力方面有哪些表现。作为销售人员应该掌握剖析自己、运用自己的职业心理要素进行沟通、交流与销售的能力；具体包括：能够分析自我在销售工作中具备的情感品质、意志品质和能力品质，能够根据自身的特点，在销售过程中采取合适的销售与沟通策略。

销售人员的心理品质，由情感品质、意志品质和能力品质三大要素构成。

一、情感品质

道德感、理智感和美感是构成情感品质的基本要素。情感虽然是每一个人普遍具有的，但是各个人的情感却是不同的。人的情感品质的个别差异，表现在情感的倾向性、深刻性、广阔性、稳定性和效能性等五个方面。因此，销售人员的情感品质既有共同性的一面，又有个别差异性的一面。

（一）情感品质的概念

情感品质的界定：情感品质，由情绪和情感两个要素构成。情绪和情感是指人对客观事物是否符合其需要所产生的态度的体验，是人脑对客观事物与人的需要之间关系的反映。客观事物是情绪和情感体验的客观来源，人的需要是情绪和情感产生的主观原因。实践活动是人的情绪和情感产生和发展的基础。情绪和情感，虽然都是人对客观事物是否符合其需要所产生的态度的体验，但相对来说，它们是有区别的。主要表现在：情绪比情感更为广泛；情绪多而不稳定，情感稳定而持久；情绪具有明显的冲动性和外部表现，情感比较深沉而含蓄。情感是在情绪的基础上产生的，情绪又往往是高级、复杂的情感的表现形式。情感品质是销售人员心理品质形成的内在动力，情绪和情感在销售人员的心理和实践活动中具有开端、过滤、动力和信号的作用。积极的情绪和情感是销售人员心理品质形成与发展的内在动力，是提高营销实践活动效率的重要力量。消极的情绪和情感是销售人员的认识活动和能力发展的阻力，是降低销售人员体力、精力和营销活动效率的主观因素。

（二）情感品质形态

道德感、理智感和美感是情感品质的主要形态，也是构成销售人员情感品质的基本心理因素。道德感是指人们根据一定社会的道德需要和规范，评价自己或别人的言行时所产生的情感。例如，某水果店的售货员接待一位来买火龙果的老人，她匆匆忙忙为这位消费者拣了一秤盘，可老人却从中挑出两个烂了一块的火龙果，说："这两个火龙果坏了，换一换。"她瞟了老人一眼说"没事儿，照样吃"。老人一听，不高兴了："坏了就要换嘛！"售货员说："瞧你那模样儿，你吃过火龙果吗？"这句话气得老人直哆嗦，一时竟没能说出话来。晚上，这位售货员回到家，上幼儿园的儿子说老师让家长为孩子买一个写拼音的练习本，于是她骑上自行车直奔文化用品商店。该店的销售人员正在结账，准备下班了。这位成了消费者的售货员连说了三声"买个本子"，那位正在算账的销售人员仍未抬头。"买个拼音本儿！"她又一次抬高了声音。"就你嗓门儿大，没看见结账呢？""你什么态度？我找你们经理去！""找谁也得让我结账，去吧，我该关门了。"气得这位"售货员"型的消费者同样也一句话都说不出来。

- **道德感**，是关于人的行为、举止、思想、意图是否符合社会道德行为准则而产生的情绪体验，它是由那些能满足人的社会道德行为准则的需要产生的。假如在营销领域里以"消费者是上帝"作为道德行为准则，那么销售人员就应是"仆人"。销售人员的道德感就是对消费者负责，对消费者有一种义务感、友谊感和责任感，并把这些道德准则贯穿于行为、举止、思想、意图之中。对消费者做到"问心无愧"，并从中体验到满意、喜悦、自豪的情感。相反，在没有为消费者尽到责任和义务时，也能体验到惭愧和内疚的情感，这就是销售人员所具有的道德感。

- **理智感**，是指人根据某种认识和追求真理的需要，对一定的客观事物所产生的情感。理智感是人在对客观世界的认识过程、科学探讨和智力活动中产生的情感。它与人的求知欲、认识兴趣和追求真理的渴望相联系。理智感表现在多个方面，如人在认识客观世界时，有所发明、有所创造时所产生的喜悦和愉快；在突然遇到与某些熟知的规律相矛盾的事实时所产生的疑惑惊讶；在不能做出判断和结论时所产生的迟疑和烦恼；以及对真理和科学的热爱，对谬误和偏见的蔑视，这些都属于理智感。理智感是人们从事科学研究、改造世界的动力，是解决各种矛盾和突发事件、培养良好心理品质的重要因素。如在公共汽车上，一位售票员的脚被乘客踩了，会产生什么样的结局呢？如果售票员是一个缺乏理智感的，他可能即刻会粗暴地对乘客叫道："你瞎了眼？"要是乘客同样也缺乏理智感，也许就会引发一场纠纷。周围的乘客会产生什么样的情感体验呢？相反，如果售票员是一位具有理智感的人，他就可能以训练有素、分寸得体而又富有幽默感地说："对不起，我的脚可能碰着您了"。那么，不管这位乘客是否有理智感，结局肯定会是令人满意的。

- **美感**，是指人根据某种美的需要，对一定的客观事物进行评价时所产生的情感，是对事物美的体验。美感总有直觉性，即物体的颜色、形状、线条以及声音方面的特点在美感的产生中起着重要的作用。但是，事物的外部特点是不能离开事物的内容而存在的，作为美感发生的源泉并不只限于事物的外部特点，起决定作用的是事物的内容。在《巴黎圣母院》里，道貌岸然的神父、军官是假、丑、恶的化身，容貌丑陋的敲钟人却是真、善、美的代表。它突出地说明了形式上的美总是服从于内容上的美。销售人员的外在美只有与为消费者服务的心灵美结合起来，才能产生真正的美感。

二、意志品质

（一）意志

意志，是指人自觉地确定目的，并支配行动去克服困难，以实现预定目的的心理过程。如销售人员为了实现自己的营销活动目的，不得不去努力认识商品经济的规律，不得不放弃某些令他愉快的行为，控制自己的某些情绪而去完成那些使他感到吃力、费劲、枯燥的销售人员工作。所有这些，都是人的意志的表现。意志过程虽然与认识、情绪和情感过程一样，也是人脑对客观现实的反应过程。但它也具有自己的特点。这些特点是：意志具有明确的预定目的；意志通过克服困难集中地表现出来；意志直接支配人的行动。

（二）意志品质

意志品质，是指人为了实现预定目的而自觉努力的一种心理过程和行动过程，它具有积极的能动性和制约性。能动性和制约性的相互作用，推动着主体心理的发展和变化。意志的能动性，推动主体朝着确定目标前进，意志的制约性能使主体克服各种障碍，服从前进的目标，产生积极的意志行动。能动性与制约性如果不能保持平衡和统一，就会导致意志心理的倾斜，产生消极的意志行动。意志行动是复杂的自觉行动，它的心理过程包括动机斗争、确定行动目的、选择行为的方式和方法，做出实现意志行为的计划，以及通过意志努力，实现所做出的决定，这些都是意志品质的表现。

（三）意志品质的构成要素

意志品质主要由自觉性、果断性、坚毅性和自制力等要素构成。

1. 自觉性，是指一个人在行动中具有明确的目的性，并充分认识行动的社会意义，使自己的行动服从于社会的要求方面的品质。这种品质，也叫自觉性品质。销售人员的自觉性品质，不仅表现在他对营销行动目的合理性和社会意义上的自觉认识上，也表现在坚决实现营销目的的合理态度和自觉行动上。因此，自觉性品质，也是销售人员产生坚强意志的精神支柱。

2. 坚毅性，又称坚持性、坚韧性、顽强性、毅力。它是指人能以充沛的精力和坚韧不拔的毅力克服一切困难和挫折，为实现目标，始终坚定不移。具有坚毅性品质的人，能够经受长期困难磨练的心理和生理的紧张度，坚持热烈紧张的持久活动，对任何艰难险阻不会气馁，对任何挫折不会灰心。销售人员的工作岗位，在三尺店面内，不会惊天动地，也不会轰轰烈烈，而是那么的平凡，又那么的繁琐，对消费者迎来送走，对商品拿出拿进，要面对各种各样的人、各种各样的态度，是一种什么力量支撑销售人员长年累月，甚至是一生一世都坚守在极其平凡的岗位上呢？原因固然很多，但坚毅性却是其中的一个重要因素。

3. 果断性，是指人在选择目标、采取决定和执行决定过程中能够迅速和坚决地进行决断。一个具有果断性品质的人，总是能以自觉性和深思熟虑为前提，以大胆勇敢为条件，有胆有识，处事果断。这不仅表现在个人执行决定的正常活动中，善于观察事物的发展变化，收集材料，掌握信息，通过分析比较，去伪存真，明辨是非，迅速而坚决地做出决定；而且能根据情况的变化和社会的需要，立即停止或改变已经执行的决定，毫不犹豫地做出新的决定。

4. 自制力，是指善于克制自己的情绪，并能有意识地调节和支配自己的思想和行动，甚至是与自己的目的相违背的一切愿望、动机、情绪和行为。一个有自制力的人，能够冷静地对待和分析各种事物，忍受委曲、痛苦，乃至折磨和凌辱，经受起挫折，而不放弃自己所追求的目标。自制力是销售人员应具有的基本心理品质。三尺店面面前似乎是宁静的、和谐的，店面内外的交换关系，一手交钱，一手交货，好像也不会有矛盾。但平静的店面后面也常会风浪叠起，冲突不断。就按一般常规而言，消费者的购买行为，通常都要经过选择、比较、评价、思索等心理阶段。这些心理活动阶段会因为某些因素的影响发生微妙的变化，如消费者购买动机的矛盾、疑虑心理的产生、个性特征的影响等，可能导致选购商品时出现断断续续、反反复复的情况而延长选购时间。碰到这种情况，销售人员若具有良好的自制力，就会以自己特有的忍耐性，宁静耐心的态度表现去对待或说服消费者，从而获得消费者的好感，加速买卖的成交。

三、能力品质

（一）能力的概念

能力，是直接影响人顺利有效地完成活动的个性心理特征。能力不仅是人的心理活动形成和发展的重要内部因素，而且是人得以顺利完成各项实践活动必备的主观条件。才能是各种能力比较完备的结合，天才则是某一方面或某些方面才能的高度和杰出的发展。

能力可以分为一般的能力和特殊的能力。如观察能力、记忆能力、注意能力、思维能力、想象能力、判断能力、表达能力等，这也是通常所说的智力；特殊能力，如节奏感、彩色鉴别能力等，它们只在特殊活动领域发生作用。一般能力和特殊能力有机地联系在一起，构成了人的能力品质。

能力与知识和技能的关系：能力和知识、技能既有区别，又有联系。两者的区别是：能力是一种比较稳定的个性心理特征，是顺利完成某项活动的本领，是先天素质与后天环境、教育的结合，是发展较慢的、有限度的；而知识、技能是人脑所形成的一种暂时联系系统，是对客观事物的反应和一定动作的方式，是后天获得的东西，发展是较快的、无止境的。两者的联系是：知识、技能是发展人的能力的条件、因素和中介，而人的能力又是影响掌握知识和技能的速度、质量、水平和牢固程度的重要因素。能力与活动的关系能力和活动是联系在一起的，只有通过活动才能发展人的能力和了解人的能力。能力又与智力分不开。但是，智力不是一种单一的能力，而是一种综合的整体结构。在智力结构的理论中存在着各种学说，如美国心理学家斯皮尔曼提出的“二因素说”，美国心理测验权威塞斯顿提出的“群因素论”，美国心理学家吉尔福特提出的“智力三维结构模型”以及美国心理学家阜南提出的“智力层次结构模型”，都对智力因素作了种种研究。

（二）销售人员的能力品质

销售人员的能力品质，除具有一般的能力品质外，从某种意义上讲为适应营销领域工作的特点，观察能力、注意能力和表达能力（包括语言表达能力和文字表达能力）应成为销售人员的特殊能力。

1. 观察能力。是指发现事物典型特征的能力。销售人员的观察能力，是指销售人员通过消费者的外部表现去发现消费者的消费心理和购买心理的能力。因此，观察能力是销售人员良好能力品质的重要部分。

2. 分析综合型观察能力。是指具有良好观察能力的销售人员，不仅能从消费者的言谈举止、面部表情和视线上准确地判断消费者的意图和需求，由此了解到消费者的气质特点和兴趣指向，采取相应的接待方法，而且能透过事物本身的外部表现，迅速地掌握消费者的心理变化，灵活地运用各种心理策略对消费者进行诱导购买行为，或满足其心理欲求。例如：一位先生路过某药店前，看见里面陈列着仁丹，他想起要买仁丹，便进了那个药店。店里的销售人员对他微微一笑，说：“您来了！您是来买仁丹的吧！”消费者回答说：“是啊！”但感到很惊讶，自己什么也没有说，为什么销售人员能说出自己要买的东西呢？于是问道：“你怎么知道我要买仁丹啊，”销售人员露出一副理所当然的表情，回答说：“因为我看到您一边看仁丹，一边径直进店来了。”这位销售人员真称得上观察细微，分析透辟了。

3. 注意能力。是把意识指向和集中固定于一定对象上的心理活动。营业员的注意能力，是指销售人员在营销工作中把自身的心理活动，定向集中到接待消费者的能力。注意能力的要求是：能把注意力较长时间地集中于一种对象或同一种工作上；要求能为适应某种活动而尽量扩大注意范围，或把部分注意力分配到必要的其他不同方面；要求能把注意力迅速地从一个客体转移到另一个客体。

按照注意能力的三点要求，销售人员不但要有稳定的注意能力，而且要善于灵活运用和分配转移注意能力。如当消费者流动时，销售人员应有目的地分散自己的注意力，把注意的区域尽量扩大，以便掌握消费者的动态，及时捕捉消费者在环视商品或注目橱窗后的各种反应和意向。当消费者临柜时，销售人员的注意区域必须迅速收缩，把注意力集中于临柜消费者上。如果临柜消费者有几位，则应根据各个消费者对商品的兴趣程度或选定程度，有所侧重地分配注意力，把对商品产生浓厚兴趣或有选购目标的消费者作为注意中心，兼顾其他消费者在集中注意接待一位消费者后，应迅速把注意力转移到候购消费者身上。一个销售人员有良好的注意就能促进消费者的购买行为的实现。例如：《北京日报》在一篇题为《一根绳给消费者带来的方便》的通讯中报导了这样一位销售人员，其中一段写道："同志您是不是想买鱼?"一号售货员向店面前一位男青年问。"是啊我看今儿的鱼挺好，可惜我没带家伙。"男青年略带惋惜地说。"没关系，我帮您拴上。"说着，一号售货员挑了两条平鱼放在秤盘上，称完，她麻利地用一根塑料绳把两条平鱼拴上，递给了小伙子。"谢谢！谢谢！"男青年满意地离开了店面。

这段描述说明男青年并不是有目的来买鱼的，而是偶然经过这里来看一看。然而，由于一号售货员具有较强的注意能力，敏锐地注意到了消费者的心理动向，在消费者还没有提出要求时，就已注意到如何给予消费者帮助，买卖成交时又以高度的注意能力"麻利地"完成了计量、拴鱼等服务工作。由此可见，销售人员的这种注意能力，更能体贴消费者的心理要求，给消费者以亲切的感受，促进消费者购买行为的实现。

4 表达能力。是指销售人员的表达能力，主要指其与消费者接触时运用语言、表情传递有关信息的能力。销售人员良好的表达能力是与其记忆能力、思维能力、想象能力等品质能力联系在一起的。这些能力的作用表现在：记忆能力，能使销售人员对营销活动所涉及的知识、技能记得牢，在实际活动中可以迅速地运用，敏捷地传递与服务于消费者，能使销售人员对商品各个方面全面了解，有利于及时、清楚明白地把商品信息传递给消费者；想象能力，能使销售人员对商品的个性和象征性，以及商标、包装等构成部分的特点与寓意理解透彻，以其想象、通过语言表达去感染消费者。这些作用能否通过销售人员得到发挥，还要借助销售人员的语言能力。善于运用语言、语调，并伴随相应的表情和姿态，清楚、扼要、有说服力地向消费者表达自己的意思，是销售人员表达能力的基础。销售人员真诚、坦率、恰到好处的语言表达是获得消费者信任的重要条件。例如：俄国著名诗人莱蒙托夫曾经遇到过这样一件事。有一年正是梨子上市的时节，许多卖梨者都喊自己的梨好，有一位小伙子却对莱蒙托夫说："先生，这是我栽的梨树第一次结的梨，没有经验，其中的梨有的可能不太甜。"莱蒙托夫最后毫不犹豫地买了这个小伙子的梨。这个小伙子在卖梨过程中，用诚挚的语言向莱蒙托夫诚实地介绍了自己所卖的梨子，这种表达方式，获得了诗人的信任。由此可见，真挚和善的语言表达，能引起消费者发自内心的好感，起到吸引消费者的作用。从买卖的角度看，语言表达具有使消费者提高或减退购买欲、促进或阻碍销售的功能。因此，有时销售人员说几句得体、中听的话，会使消费者情绪高涨、勇气倍增，下定决心购买；有时说错一句话，或说得不中听，会使消费者丧失信心，打消购买念头，使本来可以成交的买卖告吹。所以，销售人员不仅本身应具有良好的表达能力，而且要了解各种消费者的心理。如有位上了年纪的消费者想买一件颜色比较鲜艳的衣服，她自己也许会对销售人员说："上年纪了，是不是太艳了一点？”销售人员如回答：“是的，太艳了。”这位消费者一定很失望，因为消费者心理期望得到的回答是：“哪里，哪里！”或“您看起来很年轻，可不像上了年纪的人。”年纪较大的人通常都有一种希望别人说她（他）年轻的心理。销售人员回答询问得体，买卖就能成交。

任务三
分析销售人员的职业心理表象

学习情景

在销售过程中，销售人员存在各种不同的心理表象，包括服务心理、交际心理、与消费者冲突心理、行为心理。正是由于销售人员在销售过程中存在不同的心理表象，所以会产生不同的销售效果。销售人员必须掌握职业心理表象的类型和特点，并学会深入剖析自身的职业心理，才能有效采取销售策略。

学习目的

了解销售人员存在哪几种职业心理表象，从而树立起剖析自身销售职业心理表象的意识，以及在销售过程中针对自己的职业心理表象的特点有针对性地采取销售策略和方法。

基础知识与技能

了解销售人员在销售过程中在服务心理、交际心理、与消费者冲突心理、行为心理等方面存在哪些表现。作为销售人员应该掌握的技能，包括能够剖析自身职业心理表象，并加以运用到销售中去。

销售人员心理的发生、发展和变化，是与销售人员职业密切相关的。销售人员的良好职业心理，是销售人员自身适应职业工作特点的客观需要。

一、销售人员工作的服务心理

1. 服务心理的概念。服务心理，是指销售人员在商品销售服务中，通过长期内心体验，形成的乐于为消费者服务的个性心理，它包括自觉服务心理和愉快服务心理。服务心理的核心是对自我存在价值的认识和“我为人人，人人为我”的内心体验，是销售人员的职业观和世界观的体现。从一定意义上讲，销售人员的职业特点，就是在商品的自由竞争中，尊重消费者的自我意识心理，给消费者带来快乐的心理体验。与此同时，也使自己体验到自我存在，培育出“服务快乐”或“愉快服务”的美好心理。

2. 服务心理的出发点。服务心理的出发点，是为了促进销售人员心理与消费者心理的沟通，实现交易，达到双方都满意的目的。也就是在愉快服务心理的驱动下，通过销售人员的努力，使卖者与买者之间心向一致，即“心理认同原则”。只有从这一点出发，销售人员才会注意了解消费者的心理，理解消费者的心理，乐于为消费者服务，愉快地为消费者服务。正如中国有一句古话：“士为知己者死”，从内心深处愿为消费者服务。不然的话，就会因消费者问东问西，而感到烦燥不安，感到处处受制于人，哪里还会有自我存在的体验？哪里还会有服务愉快的心理呢？“服务”这个词是一个平凡而又崇高的词，销售人员所从事的服务，同样也是平凡而又崇高的。销售人员服务的前提，在于对消费者的了解，尤其是对消费者心理状态的了解。消费者的心理状态，是指消费者在商店或服务场所的环境中产生的暂时性的心理特征。消费者的心理状态，常常影响购买行为。消费者的这种心理状态，会因为在不同的店面而不同。如在色彩鲜艳、款式新颖的羊毛衫店面上，青年消费者带着求新、求美、求时髦的心理，就容易产生情绪热烈而带有冲动性的心理状态；在电视机等高档商品店面，消费者求实、求稳的心理很明显，他们很自然地会产生一种担心买回质量不高的商品的心理状态；在呢绒绸料店面，消费者的心理状态主要受选择、美观原则的支配。这些心理状态仅仅是在一定特殊环境下产生的一种暂时性的心理特征，一旦消费者离开这个店面，时过境迁，这种心理状态也会随之消失。

3. 服务心理的科学性。服务心理的科学性，是指销售人员有了良好的服务心理，还必须掌握科学的服务方法，才能达到优良服务的效果。销售人员与消费者的接触从整体时间观念上来比较，总是很短暂的，甚至是一瞬间。要在很短的时间内使双方达到心理上的沟通，的确是一件不容易的事。因此，销售人员既要了解消费者的心理状态，还要注意掌握不同类型消费者购买的行为规律。在通常情况下，不同类型消费者的购买行为规律大体如下：男消费者购买商品一般比较随便，相信销售人员的介绍和挑选。外地男消费者有时会对销售人员说：“我是代人家买的，又不会挑，请帮忙选一选吧！”青年女消费者一般着重商品的颜色和式样，要求好看、别致，对质量就不太讲究。中年妇女消费者一般购买商品要求质量好、价钱相宜，挑得仔细。夫妻同行的消费者，或一男一女消费者，一般以女方为主，女的看中的商品，往往成交率高。但销售人员也千万不要忽视男士的心理状态。一家老小消费者，通常要着重儿女方面，一般只要儿女选中，母亲点头，父亲大多会赞成。

二、销售人员的交际心理

销售人员的交际心理，是指销售人员在长期工作中形成的一种乐于接待消费者、热情接待消费者的心理。良好的交际心理会对消费者产生重要的影响。

1. 信誉的心理影响。销售人员的行为、举止是商店信誉的窗口。消费者从销售人员言谈、行为中可以体验到商店是否讲信誉的程度，确立自己对商店的信赖程度，以及对商品信誉的评价。信誉的心理影响十分重要，信誉是人的第二生命。信誉属于道德范畴。它是依靠社会舆论、人们的信念、习惯、传统和教育来发挥作用的一种精神力量。商业信誉，是指商店外部公众对商店的总的看法和评价，是商店生存和发展的重要条件。市场竞争也包含了信誉竞争。一个企业一旦在社会公众中建立起了良好的信誉，那么在公众的心理上就会产生深刻的影响。如日本的松下、索尼等公司的信誉和形象不仅在日本国土上有影响，而且在世界各地也有影响。

2. 形象的心理影响。商店的信誉是通过形象表现的。商店形象属于修养范畴。它要求人们用文明的行为，和善的心地去美化自己，以求得社会环境的接纳。商店形象包括：商品（产品）形象、职工形象、环境形象。良好的企业形象，对消费者具有一种奇妙的、美好的心理功能。《美国周刊》上有一篇文章写道："在一个富足的社会里，人们都已不太斤斤计较价格，产品的相似之处又多于不同之处。因此，公司的形象就变得比商品和价格更为重要。"

3. 信息的心理影响。销售人员在与消费者的交往过程中，向消费者介绍商品或回答消费者的询问，实际上就是沟通、传播、交流信息的过程。销售人员通过商品介绍向消费者传递的信息具有真实性、及时性和科学性，消费者就会产生一种信息可靠的心理。这种心理一旦影响到消费者群体，这时，信息就会成为商店的无形财产。

销售人员工作的交际性，属于人际交往的范围，即人际关系。人际关系属于社会心理学范畴，主要是指人们在社会生活的交往实践中所形成的个人与个人之间的心理关系。它的研究角度直接是社会群体中的个体关系。即从个体的角度，研究个体与他人、个体与群体、个体与社会之间的心理认同、情感关系和行为。销售人员工作的特点决定了销售人员的人际关系的地位，同时，营业员又是天然的公共关系人员。因此，要发挥销售人员工作交际的作用及其影响，必须培养销售人员良好的交际心理。

三、销售人员与消费者冲突的心理

销售人员与消费者冲突的心理，侧重是指销售人员在冲突中的心理准备、心理状态和解决冲突的艺术心理。

1. 销售人员与消费者发生冲突的心理起因。销售人员与消费者发生冲突，是一种心理上不平衡的表现。心理上不平衡的起因是多种多样的，而且每一次冲突都能找到具体起因。归纳起来，主要有以下三种情况：

利益冲突，如消费者希望买到一件称心的商品，而销售人员则想把所有的商品都卖出去。这样，消费者的心理需求与销售人员的销售心理自然就发生了冲突；误会的冲突，如把对方的话理解错了，或者消费者自己算错了账，却误认为营业员错了，双方心理产生了不平衡，而导致冲突；不可忍受性的冲突，双方中以偏见对待另一方，使另一方心理上产生了不可忍受性，导致双方心理沟通发生障碍，从而发生冲突。

2. 销售人员与消费者冲突的形式。根据营销过程中发生冲突的情况，主要有以下三种：逐渐发展的冲突，如因消费者要求退换商品而发生的冲突，多半是逐渐发展的冲突，一般比较温和；急剧发展的冲突，这种冲突大多发生在消费者询问、选购或结算付款时。双方或一方的行为急速地直线发展，火气越来越大，最后一般都会发展到难以控制的地步；爆炸性发展的冲突，这种冲突同急剧发展的冲突的区别在于，不需要经过争吵顶撞，与对方的反应无关，来势凶猛，有破坏性。

3. 防止和解决冲突必须遵循的原则。防止和解决销售人员与消费者冲突的基本原则是：尽快拉开冲突双方的距离，息事宁人。具体来说，应坚持下列原则：客观性与让步性原则，当双方的实际利益发生冲突时，要想避免冲突或解决冲突，占主导地位的销售人员则应把眼光放远些，以平静的心理，借助于适当的妥协，做出一些让步；清晰性和善意性原则，这个原则有助于消除误会，防止或解决冲突。距离性和自制性原则，如销售人员具有自制力的心理品质，善于控制自己的情绪与言行，就可以拉开发生冲突的距离，使准备争吵的消费者失去对立面，而无计可施。

4. 调停冲突的艺术心理。当销售人员与消费者发生冲突时，一般应由商店的另一个人出面做工作。如同柜组的销售人员、柜组长、主任、经理等人出面充当调停人。调停应尽可能保持平静的、良好的心态，并讲究调停艺术和技巧。如：善于仲裁的技巧；找到坚持调停人地位的技巧；冲突双方共同语言的技巧；息事宁人的技巧；客观公正的技巧。

在运用调停冲突的技巧时，调停人应注意掌握冲突双方的心理状态，以及心理状态的变化，适时运用相应技巧，妥善地缓和冲突，平息冲突。销售人员的渊博知识和熟练技能，是保持销售人员良好心理品质的支柱，也是防止和解决冲突的基础。因此，销售人员必须懂得心理学、社会学、美学的基础知识，要不断丰富和更新自己的商品知识，掌握营销工作的专业技能，以适应销售人员工作的需要，特别是突发事件的需要，主要是避免和解决销售人员与消费者的冲突。因为，任何冲突的发生，都将给销售人员和消费者双方造成心理上的不平衡，甚至留下难以愈合的心理创伤。避免和解决冲突，也是销售人员工作特点的客观需要。

四、销售人员的行为心理

1. 销售人员行为心理的概念。销售人员行为心理，是指销售人员在营销活动中支配其行动表现的心理。它是心理特征的个别差异的反映。不同个性的销售人员在同消费者的交际过程中表现出不同的个性差异。这种个性差异，形成销售人员不同的行为类型。

销售人员的行为与心理品质是密不可分、相互促进的。心理品质是营业行为的动因，营业行为是心理品质的表露。心理品质的变化直接影响营业行为的实践活动，而营业行为的实践活动又会引起它们的心理品质的发展变化，互相作用推动着营销活动由低级向高级发展，不断适应社会向前发展的需要。

2. 销售人员行为的类型

销售人员的行为受其心理因素的支配，根据销售人员个性心理的差异，其营业行为大体可分为六种，见表9－1。

表9－1　　销售人员行为的类型

行为类型	行为表现
独立型	情感显露，性格外向，接受能力强，决断能力较好，处理问题果断，肯负责任，有较强的进取心。接待消费者时，能主动迎候，精神集中，态度良好，情绪饱满，勤快利索，善于根据消费者的心理需求，诱导消费者购买。一般具有乐于从事主动性较强或能充分发挥个人才能的营销服务工作的心理。
被动型	依赖性较强，遇事缺乏主见，喜欢随大流，性格欠开朗，缺乏自信心和为消费者服务的热情，接待消费者很少主动，与消费者沟通慢。一般具有乐于从事安全而无风险的销售服务工作的心理。

续表

行为类型	行 为 表 现
活跃型	性格外向，情感丰富，精力旺盛，异常活跃，善于与人交往。接待消费者时，思路敏捷，能及时抓住接触时机，促成交易。一般具有乐于从事与多方面接触的营销服务工作的心理。
温顺型	性格内向，不爱交际，容易照别人的意思办事。接待消费者时，态度温和诚恳，能尊重消费者意见，尽量满足消费者要求。一般具有乐于从事正常的、不紧迫的销售服务工作的心理。
冷静型	性格沉着冷静，态度客观，注意力稳定。接待消费者时，有条不紊，耐心周到，细致入微，善于透过消费者的言谈举止、表情神态去推测其心理活动。一般具有乐于从事精密细致的营销服务工作的心理。
冲动型	性格急躁，情绪不够稳定，容易受消费者的态度、家庭或社会等方面的刺激和干扰，而且在营销活动中迅速反映出来。接待消费者时，急于与消费者成交，有时表现得很热情，但缺乏耐心周到，容易与消费者发生冲突。一般具有乐于从事简单销售服务工作的心理。

3. 影响销售人员行为心理的因素。影响销售人员行为心理的因素是多方面的，主要因素如下：

（1）生理因素。生理因素包括：性别、年龄、身体素质等方面。生理因素的差别可以引起心理品质的差别，而使营业行为形成不同的特点。如一位感官生理功能健全、视觉与听觉俱佳的销售人员，在与消费者心理沟通的过程中反映就会显得快速、灵敏。生理上的差异，是客观上的因素，可以通过销售人员的努力来发挥主观能动作用。有一位眼睛高度近视的销售人员，她觉得戴着一副像牛奶瓶底般的眼镜会扫消费者的兴，所以上班时很少戴眼镜，自己店面面前的东西尚可看到，但是离得稍远的消费者，她就看不清楚。令人奇怪的是这位销售人员却很受消费者欢迎。原来，她自知眼睛看不清，所以只要觉得对方是在看自己，就主动打招呼。其实有时人家根本就没有注意她，甚至不知道她是和自己打招呼。但是这没有关系，消费者并不会因她的彬彬有礼而有意见。

（2）心理因素。心理因素包括：智能、兴趣、情感、意志、气质、性格等。销售人员心理因素的差别对营业行为的影响是十分明显的。由观察力、注意力、表达力、记忆力、思维能力、实践能力等因素构成的人的智能，其水平程度从销售人员身上反映出来，就会产生不同的营业行为。在北京某食品店发生了这样一件事，一位消费者对接待的销售人员说："我要一斤奶油豆。请您给我铲两次，不然，我就不买。"销售人员心中咯噔了一下，马上照消费者说的做了，规规矩矩铲了两铲，刚好一斤包好，微微一笑，递给了消费者。瞬间，那女消费者的脸由"多云转晴"，绽开笑容，说道："谢谢您了，不是我难为您，是我有神经性呕吐症，假如您多铲几次，我就恶心，不想吃了。"这位消费者沉思了片刻，又说了前几天买奶油豆时，有位销售人员却说："太难为人了，非要两铲一斤，咱没有技术。我不用铲子来回铲，还让我拿眼睛把奶油豆一个个给你瞪上去？"

(3) 家庭因素。家庭因素包括：夫妻关系，父母子女关系，姑嫂、兄弟关系以及经济条件、爱好兴趣等。家庭因素是销售人员良好心理品质形成的一个重要条件。有这样一句话："家庭是人生的港湾"。当家庭因素作用于家庭每个成员时，就会陶冶着每个成员的心理品质。一个销售人员心理品质形成必然受到家庭因素的影响，而又必然会反映到营业行为上。一位销售人员因夫妻闹离婚，对丈夫产生了怨恨心理，结果几乎用这种心理来对待所有男消费者。后来这位销售人员重新组织了家庭，丈夫很体贴她，她又产生了满意心理。以后看到男消费者时，怨恨心理也就消失了。

(4) 环境因素。环境是人类活动的场所。通常分为生活环境和工作环境。环境因素对人的心理品质形成同样有着重要的作用。本书所讲的环境，是指营业环境。营业环境因素包括：营业场所装饰、营业设施、营业方式、营业环境卫生等。营业环境因素的差别，直接或间接地作用于营业员的心理品质，影响营业行为的个别差异。如营业设施符合人体工程学的要求，就会使销售人员产生一种轻松愉快的心理，努力做好销售工作。

(5) 管理因素。管理因素包括：劳动组织、管理方式、工资福利、奖惩制度、人事关系、人际关系等。商店组织管理因素的差别，会对销售人员心理品质产生不同的作用，从而对营业行为产生不同的影响。如营业柜组的成员搭配合适、相互团结协调，往往能发挥人的组织效应作用。又如营业员上班时禁止闲谈，这是工作的需要，毫无疑问，这条规定是对的。然而，销售人员都是有意志、有思维的活生生的人，管理者就必须合理安排销售人员闲谈的时间。

(6) 社会因素。社会因素包括：社会消费现象、社会政治与文化背景、消费者的购买行为与态度反映、社会交际等。社会因素的差别，对销售人员的心理品质与营业行为有着直接或间接的影响。如消费者对销售人员的尊重态度，就会引发销售人员程度不同的心理感受。因为销售人员的心理活动，像一般人的心理活动一样，包括：感觉与知觉，记忆与思维，注意与抽象，情绪与情感。销售人员对营销工作和消费者所产生的营业行为心理，同样有一个认识过程、情绪过程、意志过程。他们的心理需求，同样希望得到满足。

任务四
培养销售人员的职业心理品质

学习情景

在销售过程中，销售人员也存在不同的性格类型，也有各自的需要和自我意识。销售人员的这些心理品质都会影响到现场销售的效果。销售人员必须深入剖析自身的性格心理特点，培养自身的职业心理品质，才能更好地促进销售工作。

学习目的

了解需要培养销售人员哪几方面的职业心理品质，从而树立起培养自身职业心理品质的意识。

基础知识与技能

了解销售人员需要培养哪些方面的职业心理品质。作为销售人员应该掌握基本的岗位技能，包括分析技能、学习技能、观察技能、沟通技能等；具体包括：能够正确剖析自身在销售过程中的心理欲求与自我意识，能够根据自身的职业心理品质特点在销售中采取合适的销售方式和策略。

销售人员良好的心理品质的形成要靠培养，培养销售人员良好的心理品质必须以物质为基础，它包括生活物质和精神物质。

一、销售人员的心理欲求

（一）心理欲求的概念

心理欲求，是指销售人员因生理需要和心理需要而形成的一种心理上的欲望和追求。心理欲求在销售人员心理品质的形成与发展过程中起着重要的作用。人类生存的本能，就是需要。人所创造的一切，就是他曾需要过和正需要的一切。需要在人们生命的每一时刻都是如影随形，永远不会泯灭的。只有遵循“人类需要法则”，才有可能培养出销售人员良好的心理品质，激励销售人员在平凡的工作岗位上显示出才能。

（二）心理欲求的内容

心理欲求是建立在需要的基础上的。需要的内容是丰富的，也是有层次性的。依据美国人本主义心理学家马斯洛提出的“需要层次论”，人既是自然的，又是社会的。因此在人的生活中既有求生存的自然需要，又有行为活动的社会需要，需要层次是一种动态结构，它处在一步一步地连续发展变化之中，表现为在低一级需要得到相对满足后，就要上进到较高层次的需要。这时，需要的核心是人的自我实现。自我实现是人潜在的最大需要。自我实现的心理欲望，唤醒和刺激着人们采取积极的行动，努力去实现所追求的目标。

根据马斯洛需求层次理论，销售人员的心理欲求也是多方面的，概括起来可以分为三个层次：

1. 满足生存的心理欲求。包括：满意的经济收入，身心得到安全保障，合理的地位和待遇，美满幸福的家庭等。

2. 期望得到重视的心理欲求。包括：胜任工作的能力，发挥潜在能力的机会，受到别人的尊重和赞赏等。

3. 实现事业发展的心理欲求。包括：职位升迁的机会，职称获得与晋升，事业上有所成就。

（三）心理欲求的导向

培养销售人员的心理欲求，应选择正确的主导欲求。选择正确的主导欲求的途径主要有：增强社会责任感和荣誉感，树立正确的信念；激发专业兴趣，实现物质上和感情上的适度满足。人的心理并不是虚无缥缈、神秘莫测的东西。人的心理是客观世界在人脑中的主观映象，即心理是人脑的机能，是客观现实的主观反映。客观现实、社会实践是产生人的心理的决定因素。因此，人的心理品质客观上存在着可塑性和可变性，人们在改造世界的同时，也改造着自己的心理品质。销售人员心理品质的形成与发展，是依靠后天的自我修养和活动实践以及心理品质培养的结果。销售人员上店面如同上“舞台”，每个人都要以各种不同角色和心理工作。只有具备良好心理品质的销售人员，才能在营销的“舞台”上扮演一个出色的角色。

在长沙有一家叫“墨华斋”的专营书画用品的商店。经营的项目有笔、墨、纸、砚、印石等商品，经理本人是一个书法爱好者，因此，对经营好这个商店具有很强的信念。他几乎每天都到店堂去观察、揣摸消费者的购物心理。当他看到有的消费者在观赏印石，欲购又止，在犹豫中跨出了店门；有的在此挑选砚石，因无人适时参谋，挑选了半晌还是走了……也就是说，一些可以做成的生意在悄悄溜走。为此，他编写了一本《书画用品知识浅谈》的讲义，打印后发给店内职工阅读，还先后给销售人员多次讲课，激发了销售人员的专业兴趣，商店的生意也越做越活，受到消费者的赞扬。一天，经理见一位70多岁的消费者在观赏店面内的印石，看了又看，默不作声，于是他连忙迎上前去，取出一枚印石说：“这枚印石很有特色，它利用天然的一石两色，一头作印纽，一头作印坯，工艺性很强，您如果用它刻成印章，既有实用价值，又有观赏价值。”老人一听，眼里闪出诧异、欣喜的神色，他递上自己的名片：“台北市书画职业分会常务理事于百龄。雅号‘潇湘奇客’”。然后，兴致勃勃地购买了4 000多元的印石和文房四宝，并说：下次回大陆，定要二进“墨华斋”。

二、销售人员自我意识的培养

（一）自我意识的概念

自我意识，是人脑对该个体所交往的周围关系及其所处的社会地位的一种反映，它包括自我分析、自我批评、自我体验、自我监督和自我修养等形式，通过这些形式，认识到个体的存在和力量，个体所处的人与人的社会关系，以及对社会的责任和义务。

人的自我意识，是在社会交往活动中逐步形成和发展的，自我意识很多时候是个体自觉进行或偶尔发生的。但是，外力的推动与激发，对其发展方向、成熟程度和稳固程度的影响，无疑也是存在的。因此，根据销售人员劳动的特性，其自我意识的培养应建立在正确认识营业员社会地位的基础上，从社会分工的角度来考察，社会分工没有高低贵贱之分，销售人员的工作虽然是一种默默无闻的平凡工作，然而同各行各业的工作一样，也是崇高的。只有建立在这种认识的基础上，才能培养销售人员良好的自我意识。

（二）自我意识培养的内容

1. 树立正确的荣誉观，提高对职业地位的认识。从本质上看，荣誉是社会对一个人实际表现的客观评价，是一个人内在价值的外部标志，它是一种积极的心理品质。荣誉感可以产生不可估量的精神力量，激发人们的事业心和对崇高人生目标的不懈追求，有利于对销售人员良好心理品质的培养。

2. 树立艰苦奋斗的精神，获得事业上的成功。一切成功与胜利，无不付出艰苦的劳动。人生不可能一帆风顺，总会遇到一些不太顺利的事情，如工作、生活、爱情上的挫折，对人生来说并不是坏事，它可以磨练意志，培养才能，激发智慧，在逆境的情况下做出非凡的成绩。因此，销售人员可以通过自我体验和自我监督，不断地认识和发展自己，调节自己与别人的关系，有效地提高本职工作的社会效果，从而获得事业上的成功。

3. 树立正确的审美观。销售人员要增强自我意识能力，就必须要做到内在美与外在美的恰当结合，形成风度美。风度是指人的容貌、表情、衣着、打扮、言谈、举止、态度、作风的综合体。在接待消费者中销售人员要给消费者一种美的感受，同时陶冶自己文明经商的传统情感。

4. 提高自我意识的强制力。社会教育和法制教育中所显示出来的强制力主要表现在两个方面：通过对典型事例的自我分析，自我体验，产生一种防微杜渐的心理，从而不断增强自我意识的约束力。明辨是非，懂得荣辱，从而不断增强自我监督和自我修养的能力。

学习资源链接

1. 精品视频讲座推荐：《员工情绪管理》，讲师：何常明。
2. 延伸阅读

营销人员职业生涯规划的方法

（1）自我认识。通过自我认识，营销人员能够发现自己是否具有营销方面的特长，是否具备营销人员的一般心理素质，以及是否适合从事营销工作。

（2）内外环境分析。通过内外环境分析，使营销人员认识到内外环境的变化以及对营销人员提出的挑战，自己在哪些方面存在不足。

（3）岗位选择。通过岗位的正确选择，营销人员能够在营销行业中找到自己的位置，到适度发展的空间。

（4）职业生涯目标抉择。营销人员确立科学的职业生涯目标，激发活力，开发潜能，克服市场竞争的困阻，获得事业成功。

（5）职业生涯路线选择。通过生涯路线的选择，能够使营销人员工作、学习的思路清晰，发展路线明确，有计划、有步骤的发展自己。

（6）实施计划与具体措施。营销人员要制定具体的工作计划，实现计划的具体措施，明确起讫时间，并对预期目标计划确定进行考核。

训练与思考

训练思考一：

1. 将学生分组，组织学生以观察者的身份选择2～3家不同类型的手机店，在营业场所观察消费者的购买行为表现、营业员与消费者的沟通交流情况。

2. 在课堂上对观察到的营业员的营销服务得失情况进行讨论分析。

训练思考二：

案例分析讨论——三越公司的“看客”策略

“今天的看客，明天的买主”，这个口号是日本著名的三越公司经营的重要方针之一。该家公司曾经做过这样的统计：一般大商店，进店的人中只有20%是当场买货的，大部分人是来看货的。基于这样的认识，三越公司对看客也十分热情地予以接待。

他们这个方针显然是正确的，因为消费者总是先看后买，特别是贵重的用品、更有一个挑选、鉴别、决策的过程，因此接待好看客，无疑可以推动和强化消费者的决策，使看客转化为消费者；对那些不贵重的日用商品也会由于热情的介绍、自然的推荐，唤起看客的购买欲望和动机，使随机购买成为一种可能。同时还将激发消费者因此产生良好的印象，并为你做义务广告，使之成交更大的生意。例如，北京天桥百货商场的一位营业员，在招呼消费者时，发现店中的一位消费者上衣掉了一粒纽扣，就主动提醒他买个纽扣，并帮他缝好。这位售货员热情的服务态度感动了这位消费者，后来他把和他一起出差来京的同伴都邀到该店购买了500多元的商品。几分钱招来了一笔较大的生意，再一次说明了经营者的经营思想不能太急功近利，对大主顾大献殷勤，对小主顾就不屑一顾，对看客更是态度生硬，爱理不理，满脸冰霜，这样势必把今天、明天乃至后天的消费者都拒之门外了。久而久之，不但经济损失甚巨，企业的名誉也将扫地。

思考：

三越公司的“看客”策略体现了销售人员的哪些职业心理表象？

训练思考三：

案例分析讨论——一次“超常”服务

有位澳大利亚客人在某酒店请客，当上了“椒盐焗大虾”这道菜时，服务员小陆注意到别人都在自己动手剥虾吃，这位客人却略有迟疑，面有难色。

她便主动上前询问：“先生，需要我为您剥虾皮吗?”

“啊，可以吗？太好了！”客人如获救星，高兴地叫起来。

小陆就主动上前，以娴熟的手法为客人剥好虾皮，并教客人怎么点酱油，吃完以后，又怎么用水洗手。客人吃得心情愉快，非常满意。

后来，那客人一高兴，干脆拜小陆"为师"，正正经经地跟她学剥虾皮，看着她怎么剥，他也怎么弄。

宴会结束后，这位澳大利亚客人握着小陆的手说："小姐，你的眼睛真厉害，可以看到我心里想的是什么。我回国后告诉朋友们，我在中国享受到了皇帝般的待遇，而且还学到了剥虾皮的'新技术'。"

这是一则超常服务的例子。餐厅的服务程序中不包括替客人剥虾皮的服务项目，当发现客人遇到难题的时候，主动上前提供帮助，化解了客人的为难与尴尬，让客人不仅得到了优质的"功能服务"，而又在情绪上达到了真正的满意。

思考：

服务员小陆的主动服务行为，体现了销售人员的哪些意志品质？

主要参考文献

1. 范明明：《消费心理学》，中国财政经济出版社 2005 年版。

2. 曹刚等：《国内外销售案例集》，武汉大学出版社 2008 年版。

3. 吴芳：张东升，李芳：《消费心理学》，西安地图出版社 2005 年版。

4. 连淑芳等：《营销心理学》，立信会计出版社 2008 年版。

5. 徐琴：《营销心理学》，中国科学技术大学出版社 2012 年版。

6. 王永：《营销心理学实用教程》，化学工业出版社 2010 年版。

7. 廖晓中：《消费心理分析》，暨南大学出版社 2010 年版。

8. 林莉：《消费心理学基础》，中国财政经济出版社 2011 年版。

9. 【美】J. 保罗·彼得等：《消费者行为与营销战略》，东北财经大学出版社 2000 年版。

10. 郃芒、荆林波：《消费心理理论与实务》，中央广播电视大学出版社 2000 年版。